U0933101

人生若只如初见

纳兰词传

李清秋 著

中国纺织出版社

内 容 提 要

纳兰容若，最后的词人，一个多情的翩翩公子，天生超逸脱俗。善骑射，精搏击，是满族正黄旗御前一品侍卫，他武将的骨子里有着一个多情的文人。他曾说：“我是人间惆怅客，不是人间富贵花。”金阶华殿钟鸣鼎食没有使他感到快乐，反而成了他最大的负累。他一生以风雅为性命，落拓无羁，结交于世落落不合的布衣文人。他笔墨函砚，吹花嚼蕊，以真心之字，诉衷情之心。红颜知己，初恋情人，恩爱娇妻……他经历过许多刻骨铭心的女人，然而，她们又离他而去。他始终还是一个惆怅寂寞的人。本书将以词为主线，为你诉说纳兰容若这个多情词人一生的寂寞哀愁。

图书在版编目（CIP）数据

人生若只如初见：纳兰词传 / 李清秋著. —北京：中国纺织出版社，2015. 5（2024.1重印）

ISBN 978-7-5180-1213-8

Ⅰ.①人… Ⅱ.①李… Ⅲ.①纳兰性德（1655~1685）—生平事迹②纳兰性德（1655~1685）—词（文学）—诗歌欣赏 Ⅳ.①K825.6②I207.23

中国版本图书馆CIP数据核字（2014）第267334号

策划编辑：郝珊珊　　责任印制：储志伟

中国纺织出版社出版发行

地址：北京市朝阳区百子湾东里A407号楼　邮政编码：100124

销售电话：010—67004422　传真：010—87155801

http：//www.c-textilep.com

E-mail：faxing@c-textilep.com

中国纺织出版社天猫旗舰店

官方微博http：//weibo.com/2119887771

北京兰星球彩色印刷有限公司印刷　各地新华书店经销

2015年5月第1版　2024年1月第5次印刷

开本：710×1000　1/16　印张：15

字数：126千字　定价：48.00元

凡购本书，如有缺页、倒页、脱页，由本社图书营销中心调换

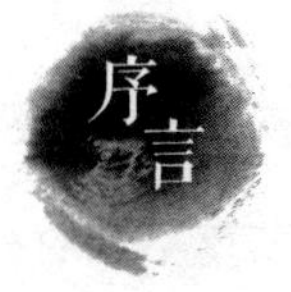

每个人心中都有一段惆怅故事，一段隐秘的忧愁往事。就算是平日不羁的乐天派，也会有惆怅沉睡在心底的一隅，在幽深的暗夜里，在寂静的时光里，悠然醒来。所以，每每读来纳兰哀愁的诗词，心底总会被扯出一种情感，抑或是当我们满心情怀难以倾诉之时，那一些词句便会应时应景地脱口而出。

“人生若只如初见，何事秋风悲画扇。”

“赌书消得泼茶香，当时只道是寻常。”

“西风多少恨，吹不散眉弯。”

这一句句扣人心弦的诗句惹了多少人的泪雨飘零。而吟诵出这美丽的词句，便想到纳兰性德，他是最后的词人，一个多情的翩翩公子，天生超逸脱俗。他善骑射，精搏击，是满族正黄旗御前一品侍卫，但他武将的骨子里住着一个多情的文人。

金阶华殿钟鸣鼎食没有使他快乐，反而成了他最大的负累。他一生以风雅为性命，落拓无羁，结交于世落落不合的布衣文人。他笔墨函砚，吹花嚼蕊，以真心之字，诉衷情之心。红颜知己，初恋情人，恩爱娇妻……他经历过许多刻骨铭心的女人，然而，她们又离他而去。他始终还是一个惆怅寂寞的人。

他哀婉的诗词，在历史的长河中袅袅升起，总能将我们内心温柔的情感，打捞而起。历经时光辗转，他的心绪与我们的情感交融在一起。一阕词缓缓吟唱开来，不知，多少忧伤，被探了底？

多情的词人用生命在歌咏愁情。因为用情至深，终是为情所伤。这个极致的男子，体会尽了情感的得失，此生，终是为情所困。然而，情深不寿，他最终在历史的舞台上匆匆谢幕。

他的词句中始终散发着一种能够穿透生命的力量，能精致地雕刻出深情的忧伤。时光已经轮回几许，那些情愫穿透时光的城墙，直击我们心底最柔软的情感。

生活中始终普照着快乐和希望，而那词句忧伤却也并不颓败，以忧愁之词，排遣忧伤，其实是一种最好的情感疏导方式。

在这个喧嚣而匆忙的时代，当我们面对生活的重重压力，面对人生的各种角色，面对琐碎的种种烦恼时……当午夜寂静十分时，不妨读一阕纳兰词，让一种愁情流淌而出。当太阳缓缓升起，迎接世界的，将是一个全新的自己。

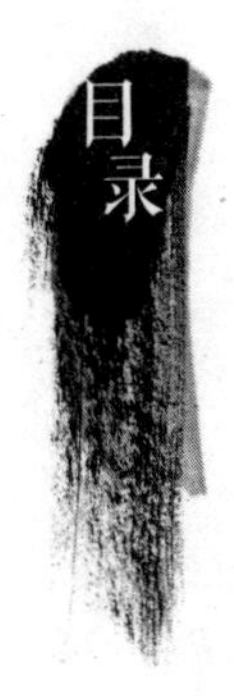

目录

第三章 错过 · 思念 · 叹息

第四章 媒妁 · 姻缘 · 洛神

第五章　别去·花落·梦残

第六章　红颜·情泪·断肠

血脉·瑞雪·少年

第一节 纳兰氏族的光影前尘

命运一词如水，蜿蜿蜒蜒，穿越茫茫浮雪，途经落花与十月霜，最终抵达至今世游魂。追溯命运的源头，展眼相望，迷蒙在双眸前的是隔世的繁华和三生的沧桑，而它最初的模样，看不见，摸不透，隔着千年的山南水北，断着万里的薄暮苍穹。

或许那命运的源头，是一方晴空下怡然自得的樵夫；或许是深巷中一抹卖杏花的红衣；或许是江雪孤绝独钓清冷的渔人。忙忙碌碌的人世里，多少人的源头，皆是平凡淡然。从最初开始，便彰显不凡的，终究寥寥。可见，纳兰容若一开始，便注定了不凡。

扑朔漫漫风沙，沿着血脉之路撩开镜花水月，我们可以看见，引着纳兰的那丝红线，一直延展至十五世纪的东北扈伦四部的海西女真叶赫部。

建国八十七年的叶赫国，沦丧在清太祖努尔哈赤扩张版图的征战之路上，贝勒金台什亦死于这场战争中。国破城亡，残存的叶赫部在金台什之子尼讶韩的带领下，离开了祖辈生活的故城，流亡向一段迷离的未知。

他们来到了建州，被编入八旗。几年之后，尼讶韩在攻陷北京的战役中立下功劳，被封为骑都尉，世袭罔替。他的妻子，为他生育了两个儿子，长子郑库，天聪九年，又诞下次子明珠。

叶赫那拉氏，历来是满清八大贵族之一。显赫的家世，为家族子弟行走朝野，带来了极大的方便。而同皇室千丝万缕的关系，亦为这个家族带来了极高的声望。清太祖努尔哈赤的妻子孟古格格是金台什的妹妹，从叶赫那拉氏走出来的这位女子，是清太宗皇太极的生母，史称慈孝高皇后。说起来，尼讶韩同皇太极，乃是中表之亲。

官宦之路，出身高门的明珠深谙其中门道，这条路，让这位贵族子弟走得风生水起。从一名侍卫，先后走到内务府总管、刑部尚书、武英殿大学士，乃至太子太傅的位置，被称为“明相”的明珠，自然不是靠着祖荫混混日子的等闲之辈。康熙朝的多数重大事件，如平定三藩、统一台湾、治水抗俄等大事中，明珠皆发挥了作为一名臣子的作用，为事情顺利解决带来了积极影响。

康熙二十三年，康熙为明珠于京郊皂甲屯立碑嘉奖；康熙四十七

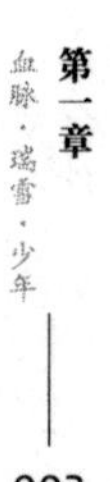

年，明珠再次于此地为康熙树碑褒扬。这样的荣光，可见明珠深得帝王意。他一生为满清兢兢业业，赤胆忠心换来满门清贵，作为一名父亲，他自然希望自己的孩子能够跟自己走上同样的人生之路，延续家门荣光。这个心愿，仿佛不难实现。

他的妻子，是英亲王阿济格的第五个女儿，这位出自爱新觉罗一族的贵女为明珠生下了三个儿子，长子纳兰性德，次子揆叙，幼子揆方。对三个孩子，明珠希望他们都能够继承家族的衣钵，继续在官宦之路上，承载祖辈的心血与荣耀。尤其是在长子身上，他倾注了最多的希冀。然而，他的理想，却仿佛和长子生来是背道而驰的。那个孩子，从来不像他的两个弟弟一样，让他省心。他的身上，凝聚着一种罕见的东西，这令他与众不同，也令他与父亲的初衷渐行渐远。

其实他应该像他的两个弟弟，乖觉地明了此生使命，或坎坷或顺利地成为父亲所希望的模样。明珠的次子揆叙，如他的父亲一般，从一名小小侍卫做起，后来进入翰林院，先后担任侍讲学士、礼部侍郎、直至翰林院掌院，为官清廉正直，素有“廉吏”之称。而幼子揆方，亦是少年成名，被皇帝看重，选为和硕额驸，赐婚郡主爱新觉罗·淑慎。但天妒英才，揆方夫妻双双早逝。如若不是早夭，或许揆方也会成为一方封疆大吏，像他的父亲，也像他所有光耀门庭的祖祖辈辈一样。

总不会像他的长兄，是这个家门里的异数。或许明珠是明白的，这孩子生来便不是为官的好材料。为官者，是不该多情的。情之一字，往往能令人在关键时刻，做出一些同理智截然的抉择。而纳兰性德，却是天生情种。生于富贵流年之家，却钟情山鸟岁花；注定承袭祖辈道路，却走向风月缠绵。这孩子，本不该生在如斯家庭。

可命运的事，谁又说得清楚什么是该，什么是不该？纳兰的性情，不适合成为明相的长子；然而贵族家庭，又是他诗胆词魂的天然屏障。试想，倘若他生于贩夫走卒之家，终其一生，也无法接触到诗词歌赋，纵使天赋异禀，诗情满怀，又何来青衫素衣泼墨月色？又何来铁马雪关长剑击挟？他的命运，注定该如此写就，诗情画意绘就平生不凡，剑胆情心缭乱此生碧波。

他是八旗子弟，是满人。然而，不论是从血缘上，还是心理上，他都不像一位真正的满人。他最初的先祖，是蒙古人，征服了女真部落后，为了更好地统治这个部落，改名更姓，抛却了原来的姓氏，将姓名化为被征服者的姓名。这在中国历史上并不少见。一个姓氏，代表了源远流长的承载，也代表了心的方向和归属。而他真正的姓氏，亦非纳兰。

纳兰是那拉的译名，他弃却了惯用的汉译，以如此美丽动人的汉字作为自己的姓氏，在那一刻，渴望汉文化追寻诗意之美的他，便已是一位汉人。一切如有预兆，悄然而淋漓，宛若江南小雨，淅沥明了。他的姓氏，仿佛已预示了他的一生，美丽、诗情、悲凉、优雅、孤独。

黑白画幕间浅唱低吟，千寸时光在如泣如诉。偏离了轨道的人生，富贵乡里沾染了羁泊浪子的游魂，芙蓉锦中斟酌了萧瑟零落的凄楚，满楼红翠温软，触手一怀冷冰。而他，孑然独坐西风，似是品尝生平百态滋味，要将短短三十一载的人生，凝聚出浓墨重彩的深刻。

第二节 别有根芽，不是人间富贵花

纳兰容若，仿佛是一个注定为孤独而生的词人。而他，一生都在诠释着这种孤独，如若诠释他的追求“非关癖爱轻模样，冷处偏佳”，这首写雪的词，宛如他终生的写照，关山万里，雪凝结天与地，然而雪花轻浮飘荡、居无定所的模样，仿佛不该是君子所喜爱的。但他却独爱雪在孤绝寒冷至极时绽放的样子，它无根无芽，却跳出尘世之外，不同于人世间那些娇弱秀美的花。

非关癖爱轻模样，冷处偏佳。别有根芽，不是人间富贵花。

谢娘别后谁能惜，飘泊天涯。寒月悲笳，万里西风瀚海沙。

——纳兰容若　《采桑子》

落笔成诗时，容若随同康熙帝巡视边疆。塞外风景异，大漠孤烟长河落日，点点滴滴，都同他所熟悉的京城或江南大相径庭，词人的眼界与心胸，因此而大大开阔。然而，纵使是此时，他也不曾忘记萦绕在心怀的那个身影——谢娘，古人用来通称自己所爱慕女子的称呼。在雪中漂泊的旅途里，回忆渐次涌上心头，他想起她的温柔，从别后，忆相逢，已是千里之外。寒如泣血的月，随着沙风呼啸凄厉的胡笳声，大漠流沙，风雪走石，孤独的身影犹自徘徊，仿佛早已和周遭的悲凉融为一体。

而他终究会走向何方？是终点，抑或是起点？就让我们静静跟随，一探前尘，追寻遥远时光间，宛如传奇的那一刻。

顺治十一年，腊月十二，京城一个寒霜清澈的日子。凛冽的北风，并未摧残去帝都的繁华，天子脚下，依旧一片喧嚣。烟火人家，岁月飘零。年轻的公子走进京城里香火最为鼎盛的广源寺，眉目淡然，步履清逸，一抹骄傲萦绕发梢，就像是与生俱来的玉饰，令他从此与众不同。

香火迷烟染上眉眼，虔诚祈祷的香客如流水在身侧静静流淌，他依稀淡淡注视着前方，仿佛在等待着谁，一个对于此时此刻的他来说无比重要的人。终于，那个人出现了，佛衣、白眉、如一尊被遗落在凡尘的佛。年轻公子终于露出一缕笑意，走上前去，合手行礼：“法璀大师。”

这是一位行事怪癖蹊跷的僧人。当然，也是一位佛法高深的大师。这使得他一开始成为广源寺主持时就受到了许多人的追捧，他们如追逐星月一样，涌入广源寺，请求他前去做法事，甚至只是为一个小物件开光做法，为此他们开出了极高的价码。面对这一切，法琿大师岿然不动，他不动声色地拒绝了一切请求，甚至告诉他们——佛祖早已死去，流转在人世间生生不息的不是佛祖万能的庇佑，只是一颗名曰佛法的种子，追寻佛法，倚仗他人的力量将会一无所获，唯有自己锲而不舍地寻找、努力、采撷，尘世的罪孽方会消除，苦海的无边方会浮现一叶舟楫。

这样的言论，并不能阻止凡夫俗子们对既有方式的惯用——天底下何止一个得道高僧。既然法琿大师不愿“帮助”他们，自然会有其他相对循规蹈矩的大师愿意伸出援手。他们很快抛弃了曾经执迷的大师，转而奔向另一场自以为的“救赎”，他们只需要一个轻而易举得只要付出一些金钱就可以抵达的场合，聆听、佩戴、虔诚或自以为虔诚地侍奉佛祖，大约这样，就能消弭所有原罪，获得永生幸福。

法琿大师的门，长久地对这些愚昧的人们合上了，时光洗去了对他犹豫怀疑的信徒，却留下了持久和意趣相投的朋友。这其中，便有一位纳兰氏的公子，彼时，他只是一位大内侍卫，大师却在这张年轻而文秀的脸上，看出了常人罕见的坚毅与沉静，他的人生，绝不会局限于一个小小的侍卫。大师如是想着，对这位公子，敞开了一扇偏僻的门。

今天，公子并不是来讨论佛法，也不是来同大师品茶论道的，他脸上淡淡的喜色出卖了他，他迫不及待地开口更是令大师会心一笑，几乎是急切地，他请求大师为家中即将诞生的孩子取一个名字。虽然他知道名字不过是一个人的符号，可他坚信名字也在冥冥之中，预示着一个人的一生。

面对初为人父的年轻人，大师的一言一句都深刻如佛偈：“明珠，你若是相信，那么一切便会是真实的，你须相信，终有一日你终究会成为一颗耀眼明珠，无人可直视你的光彩，你的夺目，将永远地镌刻在这个朝代的历史上。”

“而你的孩子，也将会用一生，来完成名字赋予他的使命。”

明珠若有所悟，他知道，他此行的请求大师已有答案。果然，法琿大师笑道：“君子以成德为行，日可见之行也。这句话自《易经》而出，你可知道它的意思？”

年轻人颔首，道：“虽然我不过是一介舞刀弄枪的侍卫，却也稍通文墨。这句话是乾卦里的内容，说的是君子之行。君子的一言一行，都是在成就自己的德行。而这些东西是外显的，每个人都可以看到听到的。”

听完年轻人的解释，法琿大师满意而赞许地说道：“好！极好！我想你的第一个孩子将会是一个男孩，他的名字，便叫作成德。”

“成德……纳兰成德……”明珠低声默念着这个名字，君子以成德为行，日可见之行也。这个孩子，将用他的一生去完成君子之定义。这个名字，他很喜欢。

不日，妻子临盆。诞下的果然是一个健康的男婴。他被取名为纳兰成德，小名冬郎。后来因太子出世，乳名保成而改作性德，未久，太子取名胤礽，性德依旧改回成德，然而一年的时光，已经让人们叫熟了性德，便也随之而去了。家中的大人们，却不常唤大名，总是叫他冬郎，冬郎。

冬郎生得十分可爱，不出月，就能睁开眼睛，溜圆乌黑地注视着人们，极可人疼。初为人父的明珠经历了迷蒙和喜悦之后，早已在心中默默做好了对孩子未来人生的规划，雏凤清于老凤声，他希望日后这孩子，能够超越自己，成为家族更有力的支柱。

这句诗，是唐代诗人李商隐写给外甥韩偓的，韩偓是当时名声在外的神童，一日，在李商隐的送别宴上，十岁的孩童登高作赋，为李商隐送行，四座皆为之震惊，李商隐亦是为韩偓少年早成的才华动容不已，他亦写诗与韩偓作答，其中便有一句：桐花万里丹山路，雏凤清于老凤声。而韩偓的小名，便叫冬郎。

明珠希望长子能够青出于蓝而胜于蓝，这个孩子，诚然完成了这个愿望，然而，他所完成的，却并非是明珠所寄托的。他更像是沿着唐代神童韩偓的方向，走向了一条这个家族所陌生和不解的道路。多年后，当他的朋友戏称明珠的犀利眼力来称赞他的诗词时，他不以为然地笑道，大约家父当时不曾想过那么多，叫作冬郎，无非是因为出生在冬天罢了。

此冬郎，同唐朝的冬郎却不无相似之处。他们都是年少显才名，恰好都在十岁的年纪，韩偓十岁一诗惊四座，流花飞柳于庭前，纳兰亦是在十岁时，写下一首月食诗，以此显露出他令人惊诧的才华。

康熙三年，正月十五。正是元宵，本来应是月上黄昏灯花流影的时节，却发生了月食。纳兰有感而作，写下了一首《上元月蚀》：

夹道香尘拥狭斜，金波无影暗千家。

姮娥应是羞分镜，故倩轻云掩素华。

满城喧嚣，灯影簇簇，道路两旁都是密密的人影，染出一道狭长香径，千万家都在翘首以待，等着月色光华耀眼人间的那一刻，然而久久的等待后，等来的却是月光黯然，天地失色。大概是月宫中的嫦娥仙子看到人间如此热闹繁华，一时害羞，不愿打开明月之镜，所以用轻纱薄云，掩去一袭素衣芳华。

谁曾想到，这竟是一个十岁孩童写出来的诗。平仄，格律，均无出错。实际上，清朝时的字词发音同唐朝已有很大变化，想要写出一首严格的近体诗，必须熟记平仄音，甚至要通解唐代发音，在严密的格律规则中，作出这样一首精彩的诗，也难怪他年少便有才名流传于偌大京城。

多年后的元宵，京城再度发生月食，时年二十八岁的纳兰容若又写了一首词：《梅梢雪·元夜月蚀》：

星球映彻，一夜微退梅梢雪。紫姑待话经年别。窃药心灰，慵把菱花揭。

踏歌才起清钲歇。扇纨仍似秋期洁。天公毕竟风流绝。教看蛾眉，特放些时缺。

京城里彻夜灯火通明，温热得梅梢的积雪都微微消融。仙女紫姑正在同经久未见的友人把酒言欢，月宫里的嫦娥却回忆起了当初窃药长生一事，羞惭得不愿露出真容。月色被一层薄纱笼罩，元宵岂能无月，地上的人们踏歌击鼓而来，想要将吞噬月光的天狗驱逐，终于使得明月柔满，一袭清辉照耀大地。向来是天公心性风流，想要瞧一瞧那一弯如眉的月，因而特意令月食蒙住了月亮。

这首词作同十岁时写下的《上元月蚀》自然不能相提并论，此时的遣词和意境，都达到了炉火纯青的境界。然而，当年《上元月蚀》的惊艳，依旧令那十岁孩童在生命开始的最初，便流光溢彩。

年幼的雏凤，已展露出惊人的光彩。仿佛早已命中注定了明珠当初那句话：他相信，名字亦是人生的一种预示。在他的长子身上，这句话宛如箴言。名字的纠缠，跟随了那个孩子一生一世。不论是成德，抑或是冬郎，都一如预言，在人生的每一寸光影里，悄然流动，宛然成形。而那两个名字，都不是他的朋友们，和后世的我们最为熟悉的名字。

朋友们都不时常叫他纳兰成德，也不像家人一样随意地唤他冬郎，往来信中款款展开，约莫都是一声：“容若。”

容若，他的字，亦是他的诗。纳兰容若，连在一处，便是一阕永驻秀词。山水清绝，风月萦怀，这四个字的名字，叫多少人念了一生，痛了一生，伤心了一生。看尽过客千帆，走遍漠北江南，依旧解不开心中一斛清愁。

或许当真是上苍预知在前，这四个字，分明都是再简单纯净不过的，合在一处，却洇开轻雾般的悲凉，轻淡的，柔婉的，苍白而诗意的，便如同，他的一生。

他是一方墨砚，在千万尺下深蕴的泥土里埋藏了多年，被采石人无意发现，挖掘，由雕刻师精心镌刻，置于宝匣，重见天日的那一刻，柔润的光华，占据了每个人的心头。

身处繁华深处，一切都是最好的，衣是绫罗锦绣，食是珍馐佳肴，住是楼阁广厦，出门是千里良驹，这里的富贵不是烟云，是实实在在的存在，可以感知和触摸，也可以给人带来暂时的快活。短暂的快乐过去之后，便是难以挣扎的虚无和寂寞。在这里，清风不能愉悦地滑过心头，岁月不能圆润地流过紫竹林，突兀的气泡如流沙，总是抚不平、挥不散。锦绣罗帐中的贵公子，没有一日不感到惆怅和凄凉，唯一给予他慰藉的，是青玉案间一寸墨色和一叠宣纸。

唯有它们，才是这丹朱人生的真实依托。他叹了口气。他知道，当他如是思考时，命运之于他，便永是不得圆满的悲凉。

第三节 不及芙蓉，一片幽情冷处浓

古人说伤春悲秋，自古以来，伤春的诗词数不胜数，杜牧写过“正是客心孤迥处，谁家红袖凭江楼”；东坡笔下有“花褪残红青杏小”，他们笔下的春意，孤凉，飘摇，如雁过江心，徒留一片涟漪的寂寞。而到了纳兰笔下，一切又有了新的味道。

桃花羞作无情死，感激东风，吹落娇红，飞入窗间伴懊侬。

谁怜辛苦东阳瘦，也为春慵，不及芙蓉，一片幽情冷处浓。

——纳兰容若　《采桑子》

纳兰的伤春，是冷清的，幽寂的，好比寡欢了一夜的梨花，蘸着春露的寒，委顿哀婉，一轩红影摇曳，剪碎了遍地欢情。

春日的清浅时光，他推开微湿的窗棂，清风迎面，吹来一袖的红粉香浓，其实再浓的春风也是慵懒的，用一个时节褪去凛冽，终究换来四个月的清婉娇柔。这样的春光，他似乎没有什么理由用来伤怀，就像生于锦绣家族的他，在世人眼中，完美到极致，便不应有任何负面情绪。

寻常的人们，又怎么会明白高处不胜寒的孤绝？又怎么能看到他心中的风景，也因心绪的起伏，随之愁肠百结。

容若记得，幼年时，自己也是有过一段极好极好的春光的。他的奶娘姓吴，大人们都叫她吴妈。吴妈读过一点书，四书五经也看过一些，这在下人里十分难得。更难得的是她有一肚子的好故事，古来今往的故事、神话、寓言，她没有不精通的。年幼的纳兰便时常缠着吴妈，要她给讲故事。

最初的启蒙，通往文学殿堂的那扇门，是奶娘为他开启的。在她怀里，小小的孩童听完了大禹治水，听完了嫦娥奔月，也听完了桃园三结义，还背完了人生中第一首古诗，是李绅的《悯农》。他的童年，仿佛跟寻常孩子的一样，并没什么出入，一样酷爱传说中的开天辟地，一样纠结故事里的生死哀乐。唯一不同的是，那些故事和传说，并未随着时光的老去而凋零，它们的芬芳，在漫长的光阴里升腾，落地，发芽，结果，终于酝酿成纳兰灵魂中最重要的一魄。

对文学的敏锐，使得纳兰容若养成了自小细腻的性子。五岁的时候，家里来了许多同龄的朋友，一群孩子聚在一起，踢毽子捉蛐蛐，肆意玩乐。路旁长了一株李子树，结满了果子，其他孩子们看见了，纷纷跑过去摘果子，唯有纳兰安安静静地坐在一旁，一动不动。路过的亲戚看到了，不由好奇。五岁的孩童奶声奶气却不失逻辑地回答，如果那个果子又大又甜，早有路人去将其摘取，哪里能够留给一群孩子呢，那果子一定不好吃。

亲戚半信半疑，亲自摘取一个试吃，果然又酸又涩。一个五岁的孩子，竟然有这样敏锐的洞悉力，真是个无比聪明的孩子。

这样一个聪明的孩子，纵使是在寻常人家，为人父母的也愿意千方百计送入学堂，或许日后一鸣惊人，从此青云直上。更何况纳兰生在王爵清贵之家。这种屹立在朝堂之上多年岿然如磐石的家庭，自然深知教养子弟的重要性。明珠，也不例外。

顺治十七年，纳兰容若六岁。明珠为长子请来了一位先生。先生来自遍地文人满城书墨的海宁，学从黄宗羲，诗从钱澄之，在江南一带素有“才子”之名。后来，因为屡试不第，遂绝了仕途之意，更将名字改作查慎行，意在谨言慎行。对仕途心灰意冷后，查先生便很少留在家乡，反而天南海北到处游历。

幸而查家是海宁名门，家境殷实。在明珠府做先生，实在是被明珠的一腔父爱打动——明珠为表诚意，先后亲自给查慎行写了三封信，恳求他来府中为犬子西席。到底盛情难却，未久，查慎行赴京，成为纳兰人生中第一位正式的师傅。

在先生的教导之下，纳兰背了《三字经》《百家姓》《千家诗》……很快，他就能够倒背如流。学生聪颖，做师傅的自然也自豪。明珠事务繁忙，很少来查看长子的学业，然而少有的几次考校学问，却比先生更严格。纳兰容若每一次，都回答得毫无纰漏，几乎完美。先生倒是慈师，时常向明珠夸赞。只有这时候，严父眼中才会流露出些许笑意，对年幼的纳兰容若来说，那就是最好的嘉奖。

其实他自幼便很仰慕父亲。或许对于每一个孩子来说，都曾有过一段将父亲当成顶天立地的大英雄的时候，时间或长或短，总觉得天地之大，父亲是无所不能所向披靡的，世界上大约没有什么能难倒他。纳兰容若幼时，也曾满怀景仰，想要像父亲一样建功立业，备受器重，是门庭之光，也是国之栋梁。不，实际上，他想要的比父亲还要多，他不愿徒手安逸于富贵，也不愿单纯地以祖辈的余荫，走上一条被彻底安排好的路。

真正的成功，不该是如此。它从来都需要十年寒窗的头悬梁锥刺股，需要无数血汗堆砌，不论寒暑春秋，自己的双手，才是叩开成功之门的真正秘籍。纳兰容若深知这个道理，他未曾沉溺于锦绣飞灰，未曾流连于富贵烟华，如果可以选择，他愿意做一个能文能武的人，可以吟诵《古朗月行》，也敢挑起一肩泰山。幸好，他是可以选择的。

当他明白这一点，并打算将此践行时，他愉快无忧的童年，便在

那一刻，彻底结束了。

在习文的同时，他学着蹲马步、倒立、舞刀弄枪。祖辈们是在战马上挣下的这份家业，身为子弟的后人们也不敢忘却这一点。习武比不上习文环境优渥，纳兰容若却都一丝不苟地去完成每一个动作。三伏天，他在阳光下挥洒着汗水；三九天，寒冷的北风记录着他的坚持。有欲望，便必须付出代价。他虽然还年幼，却比谁都懂得这个道理。

这些事情，他都做得很好，并不曾辜负过谁的希望。然而，做得好，却并不代表真心欢喜。纳兰容若，注定是一个文人，一个以笔惊艳了世间，温柔了岁月的文人。关山戎马，踏破贺兰山阙，这些激荡在胸臆间的情怀，他渴望，却不深爱。他的家族，教会他用生命去渴盼建功立业，而他的灵魂，却教会他用骨骼去热爱经卷墨色。

启蒙读物，他很快读完；他开始翻阅父亲书房里的藏书。《诗经》《楚辞》《春秋》……童年里的岁月，之于他，是一行行水墨的颜色，是一节节娟秀或隽永的篇章，是一卷卷漫长而恢宏的过往。躲藏在书房里的纳兰容若，时常会忘记时间，仿佛他正行走在一个浩瀚无边的时空，世界翻手覆手随意浮沉，日月星辰都只属于他一人的灿烂。在这里，他忘记了进食、休息，甚至忘记了光阴的流动。碧色狭窗里，潇潇细雨间，他渐渐长成了翩然如玉的少年。

时光悄然轻逝，如天地雪夜里无声流逝的河流，恍惚里完成了生命的轮回——有人出生，有人成长，有人死去，在同一个瞬间。当那个关于死亡的消息传入明珠府时，少年容若一时间陷入了苦苦的疑惑和追寻里。这场死亡的主角并不是他的亲朋好友，然则那个人却同他的生命有着息息相关千丝万缕的干系，伴随了他一生的名字，源于那个人之口，而他人生的星轨，仿佛也因此画就。

死去的那个人，是广源寺的法琕大师。

大师素来是一个我行我素之人，他不在乎人世的言论，毕生都在追求一个“真”字，真心，真情，真我。情深不寿，刚极易折，这样的人到底不容易行走于世，哪怕他已遁入空门，了却青丝凡尘。对思想舆论控制极严厉的清政府以“妖言惑众”的罪名，闯入清净佛门，面对如豺狼虎豹的官兵，大师如有预料，只是淡淡反问：有何证据。便合掌安然走进室内，不再理会世外所有喧嚣。

这一去，便再也没有出来。

官兵们碍于大师清名，一时也不敢贸然闯入。等到几日后破门而入，却发现法琕大师早已在房中自缢身亡。当时的情景，几乎吓傻了一群人。大师自缢于横梁，脚下却没有任何垫脚之物，地上唯有几支烛台，围成一个圆，烛火早已熄灭，冷冷的红蜡流淌了一地，像泣血的泪。

一时间，这桩自缢案成了京城的无头公案。任是衙门里想破了脑袋，也想不出法琕大师究竟是如何自缢的。当时官兵将广源寺围了一个水泄不通，连一只苍蝇都飞不进大师房间，他断不会死于他杀，那么横梁那么高，他究竟是怎么上去的？

少年容若亦是不解。想了很久之后，他从父亲处得知，从容奔赴死亡的法璍大师，是借助了冰。是的，京城里的人向来都有在地窖里储存冰的习惯，大师以冰为垫脚石，自绝而亡。在他死后，燃烧的烛火，融化了冰，熏干了水渍——一切，仿若一场空寂，来和去都是了无痕迹。

大师用他的死，精心布了一个局，愚弄了无知可笑的政府。他以死亡，向黑白浑浊的世间，最后一次发出了有力的嘲笑。或许大师也知道，有人会为自己的死亡发出阴冷的笑意，也有人会因此觉得内疚追悔，甚至悲伤沉痛。但世间喜笑嗔痴，他都已看破。只是任他，也无法预料，有一个旗人少年，会因着自己的死亡，怀念而迷茫。

冥冥之中，那个少年和大师的缘分，或许已终止于取名的那一刻。缘分已中断，羁绊却依旧延绵。少年一日用着那个名字，他们之间的关系，就仿佛从未断绝，纵使他们从不曾相见，也从不相识。在这场死亡中，少年发现，原来生和死都是那样容易，最艰难的，却是生存的过程。生存了十余年的少年，第一次感到迷惘，他忽然不知道，该去何方寻找生存的意义。

经年累月的骑射，日复一日的淫浸书海，照着父亲所希望的样子前行，他就能够发现人生的意义吗？父亲能够从细节中推断出法璍大师的死亡方式，那是得益于他缜密的头脑、务实的作风和超理性的思维，他能够做到吗？容若茫然了，在得知大师死亡的那一瞬间，占据他内心的，只是凄哀和惘然的柔软。他和父亲，是多么不一样啊，正如同树干上的枝丫，长满诗意的绿叶，却并没有树干的扎实和遒劲。那么，枝叶走上树干的道路，会是最好的抉择吗？

第四节

暗损韶华，一缕茶烟透碧纱

他是一个痴情又长情的男人。这一生，他写下过许多深情的句子，被世世传诵，虔诚珍爱。

冷香萦遍红桥梦，梦觉城笳。月上桃花，雨歇春寒燕子家。

箜篌别后谁能鼓，断肠天涯。暗损韶华，一缕茶烟透碧纱。

——纳兰容若　《采桑子》

写下这首《采桑子》时，纳兰容若已是一位温润如玉的贵公子，他眉目如画、气度高华，他的身上蕴藏着一种堪比星辉月色的光芒。这样的男人，本来就是用来爱和被爱的。他确实也未曾辜负我们的期待，一生有几许经年，他尝遍过风月相思，一如这首伤心词。

午夜梦回时分，我曾回去我们弥足过的小桥，清香冷冷，宛如你萦绕于怀的味道，远方，似曾相识的乐声若隐若现，当真是一派索然。从梦中醒来，却是料峭清寒，春雨刚停，空气里还停亘着水雾，月色里的桃花，其间的水色，都如哀婉神情。燕子可还是双飞燕？你留下的箜篌可还有谁能奏响？都说断肠人在天涯，我的心，也早已因你碎在天涯。时光匆匆流逝，而我对你的思念却始终不曾停止，就像透窗而入的那一缕茶香，多么像你还在的时候，不绝如缕，经久不息。

纳兰词，是相思词，亦是伤心词。

他走过许多地方，留过许多痕迹，深爱过的人却并不多。心就那么一点大，他无法装下太多的人。诗词是人生的另一个倒影，他的倒影，也如此简单纯粹，如此深情温柔。就好像，他生来便如此。

其实怎么会生来就如此呢？每个人都曾天真无知，懵懂如白纸，有时做事冲动莽撞，粗糙不平；有时任性骄纵，肆意妄为。少年时期的纳兰容若，也是活泼好动，好仗剑，好走江湖的。

父亲的书房收藏是有限的，师傅的知识也是有限的，少年容若如同一块海绵一样，吸收了父辈们所能给予的知识，便睁开眼睛，望向更辽阔的世界。

北京西南门的琉璃厂，是繁华帝都中的一处好去处。这里人来人往，川流不息，店铺里的好东西琳琅满目，样样叫人喝彩。但吸引纳兰容若的，却并不是这些新奇玩意儿。他时常来琉璃厂，只是为了这里的几间古玩店、书画铺。

容若最爱的一家书店，是一个秀才出身的赵老头儿开的。这位老学究学富五车、知识渊博，偏偏时运不济，多年考试不中，便在琉璃厂开了一间书店，混混日子。其实老头儿的学识极好，店中搜囊的书籍包罗万象，经史子集，孤本善本，极是丰富。容若慕名而来，便宛如坠入了另一个新奇世界，这里有许多他从未见过的书，小小少年的心，不由鼓动雀跃。

于是，打从知道了有这么一家书店后，纳兰便经常带着书童阿满去看书，他看得认真，每次离开之前都留心记下书页，下次再来接着往下看。一来二去，赵老头儿也不由注意到了这个少年。他见他每次看的书都并不像这个年龄的孩子所喜欢读的书，尽是《古文观止》《史书》这些相对艰涩的书，也不晓得是否真能看懂，可看他神色，分明是嗜书如痴。

一次，赵老头儿忍不住，指着《古文观止》里的一段话，成心考一考小容若。容若看了一眼，不惊不躁地回答说："这段话是的意思是仲尼说'做人应当知道客气，样样要知道礼节去做'。这是很有仁心的啊，如果楚国的灵王知道应当这样子做，也就不会死在乾溪那种地方了。"

他眉眼俊秀，透着一股灵气，说话时娓娓道来，不见丝毫怯场。赵老头儿心下已喜欢了几分，又见他衣着清贵，显然不是寻常人家的子弟，旁边已有人认出纳兰容若来，介绍道："这是成亲王府的纳兰小公子呢。”

生于富贵，却并不耽于富贵。十几岁的少年，能有如此胸襟气度，见多识广的赵老头儿也忍不住夸赞。夸赞容若的，却并不只赵老头这么一个。容若的师傅查先生也十分爱重自己这位徒弟，在他十四岁时便当着众人的面嘉奖说：才舞象勺，已通六艺。

十四岁的少年，若在如今还是备受宠爱的年纪，还是可以仗着年幼娇嗔任性的阶段。容若的十四岁，却已显露出格外早熟的气度。他冷静理智，又情感丰富，熟知人情世故，明事理，解人意，并早早就有了自己的原则和坚持。

彼时，父亲明珠官运亨通，已青云直上。府邸前的朱门，络绎不绝的达官贵人，或来联络感情，或来疏通关系，毫无例外都携带重礼，有些甚至价值连城。明珠为官多年，深谙官场潜规则，对于这些礼物，多数是来者不拒的。

当时流传着一句这样的歌谣：要做官，问索三；要讲情，问老明。索三是索额图，老明，便是明珠。可见，当时明珠是同索额图两分天下，都站在权力的中心。当时明珠家中的总管，亦是财大气粗，等闲不将六七品的官员放在眼中。

容若并不是不知道父亲也有他的无奈，然而对于这种做法，他依旧无法接受。

清者，应出淤泥而不染。连他都知道的：喝凉酒，使污钱，终为祸患的道理，父亲怎么会不明白呢？他曾屡次请求父亲，终止这种行为，然而父亲却只是一笑置之。父亲的冷漠令少年心中郁结不已，父与子之间，第一次出现了严重的分歧。

一直以来，父亲明珠都是容若心中的偶像。实际上，明珠更像是一个传奇。他是家中的次子，除了不能继承世袭的爵位，他所拥有的家庭，足以庇佑他富有且平顺地过完一生。若他愿意成为一个纨绔，那也是可以的。然而，明珠更希望能够依靠自己的双手，反过来庇佑自己的家族。

正是这个浩大而宏远的理想，支撑着这位日后的重臣，一路平步青云。顺治时，明珠从小小的大内侍卫升至銮位治仪正，负责銮驾礼仪，这只是第一步。至康熙时，他如潜藏了多年的宝剑，磨砺了风霜，光芒出众，令人不敢仰望。真正让人看到他的实力的，是在就任内务府郎中时。这个职位说大不大，但工作内容却极其烦琐，涉及皇宫上上下下，从前朝到后宫，大到谋划，小至看人眼色，都极需耐心与天分。

明珠的实力，在这个位置上得以展现。不到三年，官至内务府总管，样样桩桩，无一处不恰当妥帖。圆滑而不失方寸，周到而顾全大局，这就是明珠的人生信念，而他的理想，也在这样的信念里得以圆满。在这点上，容若跟他父亲是截然不同的。

他没有明珠圆滑，他是骨气浩荡的，轻易不会折腰。他也未曾为了所有人的愉悦而伏低做小，文人的情感是直接的，这注定他不会成为一个成功的为官者。他不像他的父亲，却也不像他的母亲。

纳兰容若的母亲，是爱新觉罗氏的贵女。然而，作为清太祖努尔哈赤第十二个儿子阿济格的女儿，这桩婚姻，却并未给她的夫君带来利益。他们成婚时，明珠不过是小小侍卫，而受封为英亲王的阿济格却已在权力斗争中落败下来，被抄家赐死。出生在这样一个家庭中的明珠夫人，性情刚烈，甚至极有几分“铁血”手腕。据说，她十分善妒，有一次明珠在她面前夸赞一位婢女眼睛美丽，次日，她便命人端上一双眼睛给明珠瞧，正是那位婢女的眼睛。

父严母厉，容若便是在这样的贵族家庭中成长起来。不能说没有爱，然而这仿佛和他理想当中所希冀的温柔似水的爱，有所出入。有着一颗柔软的心的容若，理所应当，柔软地爱着身边所有的亲人和朋友，他也希望被如此爱着，然而这个愿望，却仿佛没有按照他所希望的那种方式，得以实现。

世界上最无法选择的，就是出生在什么样的家庭，拥有什么样的父母。容若无法选择自己的出身，那么他只能选择改变自己的命运。看着家中堆积如山的财物，听着门外一声声不断的求见声，他没有哪一刻比现在更加迫切地想要离开这个家，离开这个生活了十几年的地方。天地之大，他多想要肆意去驰骋，快意江湖，在世界的尽头释放自己的呐喊。

雨夜茫茫，一滴水珠落在庭院白梅间，荡漾开一缕幽幽芬芳。亭台如山川，连绵不断，游廊里的仗剑的少年忽然一跃而出，雨中，他的身影矫捷如闪电，割开雨和天地的相连：何处望神州？满眼风光北固楼。千古兴亡多少事？悠悠！不尽长江滚滚来。年少万兜鍪，坐断

东南战未休。天下英雄谁敌手？曹刘！生子当如孙仲谋。

去建功立业，去茹毛饮血，去天南海北辽远天地恣意翱翔，一腔热血起，满怀壮志生，正是如此情怀，激荡出一曲永志高歌。

天籟・初遇・情盟

第一节 蓦地一相逢，心事眼波难定

有人说，最难忘是初相逢。

是的，彼时，一切晴好。只是匆匆一瞥，娇艳那一瞬的年华，点燃那一霎的青春。此时生出的情意，简单，透明，而纯粹。此情此意，还无须经受柴米油盐的熏燎，也不及经受怀疑冷漠的粉碎，不需要代价，只需要美好，那么，纵使是夜里辗转，枕畔不眠，终究也觉得好。

正是辘轳金井，满砌落花红冷。蓦地一相逢，心事眼波难定。

谁省，谁省，从此簟纹灯影。

——纳兰容若　《如梦令》

容若的初相逢，在他的字里行间，在他红冷长梦，在他三十一载短暂生命的频频回首里。爱恨怨毒，嗔痴愁苦，都在时光的萃取中渐行渐远，淡薄成一丝青烟样的月影，唯独还鲜明着那一刻的怦然心动。

小姑娘手托腮，细碎的阳光漏过层云，洒落在她淡紫色的莲花纹裙褂上，像是巧手的绣娘精心绣上去的，漂亮得不可思议。其实漂亮得不可思议的是她，书中说北方有佳人，遗世而独立，一顾倾人城，再顾倾人国。容若素来嗤之以鼻，可当她俏生生地站在自己面前，嫣然喊一声：表哥，他忽然觉得，为美人倾覆了天下的传说，或许也不是传说。

那是他的表妹，舒穆禄家的独女。因为妹夫妹妹两人都先后去世，明珠便将他们膝下唯一的女儿接到家中抚养。表妹的到来，令容若多了一个年纪相仿的玩伴，也多了一缕明亮的少年色彩。

那是一个漂亮而活泼的小姑娘。她生性娇憨，又爱笑，离开故乡生活在舅舅家里也不觉得难过，反而觉得这里又大又漂亮，还有一个表哥能陪自己玩，大人们又娇宠自己，每天都觉得开心极了。

她年纪还小，记忆和生活里都没有忧愁这两个字，她也不擅长记得过往。容若不一样，他已是小小少年，能将自己喜欢的事记得深刻如斧凿。他永远记得，初见她的那日，是一个刚下过雨的春天，天气有几分阴冷，如喜怒不定的神祇犹疑的脸色。院落如笼水烟，间或横着两三点浅红深绿，他前去给母亲请安，却听见屋子里一阵喧闹，奶娘打着帘儿出来拉他："冬郎快来瞧，你姑姑家的妹妹生得好是俊俏呢！"

踏入那扇门，像是在踏入情窦初开的人生。容若迟疑着进去，抬眼望去，忽然觉得心口窸窸窣窣地响，却是坚冰在融化。那时她还不怎么笑，毕竟父母双亡，一时难以平复，见到久别又珍爱自己的亲人，更觉得伤心。一双明眸微微湿润，听到舅母说："那便是你表哥了，今后你俩一起去家塾中读书，也算是有个伴儿——冬郎，你还不快来见过你表妹。"

却是她先向容若行的礼，一个万福揖下去，怯生生地叫道："表哥。"端的是楚楚动人，柔弱得令他几乎不敢出声——这神仙般的妹妹，怕是吹口气都能惊散了罢！他的手足无措令母亲笑出声来，这一笑，他终于从恍恍惚惚里回了神，门外轱辘打水声，落花依稀的残香，终于在他的世界里恢复真实。蓦地一相逢，心思眼波难定。可他分明晓得，这一秒他分的心，是万万不能再收回来了。

或许所有美好无比的初见，日后关山日长，却总不复当初，两两分离，各自黯然销魂；而不怎么愉悦的相逢，却或许能在匆匆掠过的时光里，留着余地来转圜。在山长水阔无数次回忆里，容若回忆起当初，总是不免苦笑，笑叹初遇的美好，结局的零落。生死不由人，那时的情与爱，亦是不由人。

他还记得她巧笑嫣然，故意戏弄道："表哥若以后有了两个弟弟，一个叫成瑾，一个叫成亮，只有你的名字不好，不如改成成诞。"小姑娘的三寸心思，容若哪里能不晓得，不假思索便失笑道：“你在说我是狗吗？”

这源于容若父亲年少时的一段小插曲。父亲还年少时，曾有算命先生说他命中会有三个儿子，当容若感到孤单寂寞之时，他常常想起这则旧闻，继而默然想，如若自己真有个弟弟，那么他会是什么样子，会被叫作什么名字？

文人之间喜欢玩文字游戏，这一套搬到青梅竹马之间，也饶有趣味。三国时诸葛孔明家有三兄弟，分别效忠于三国，那时有人说，蜀国得了诸葛亮，是得了龙，吴国得了诸葛瑾，是得了虎，唯独魏国得了诸葛诞，是得了狗，三兄弟高下即分。小女儿家小小揶揄，容若一笑置之，却见表妹嘟着嘴坐到一旁，不肯再说话。显然是不知道自己也读过《世说新语》，还记住了这个典故，没打趣到自己，反而被揭穿，不免觉得挫败。

容若合上书，有些手足无措。他读过许多书，看过许多珍贵的宝物，可是这些没有一样能够教会他怎么哄一个生气的女孩子。他想了很久，才慢慢走到表妹身旁，带着一个少年人的小心翼翼问道：“我也很喜欢三国时的诸葛亮，前些时候我还写了一首诗，你帮我看看？”

小孩子的生气总是来去匆匆，见表哥这样小心地来哄自己，小姑娘当然不再生气，反倒展颜笑道：“好啊。”

诸葛垂名各古今，三分鼎足势浸淫。

蜀龙吴虎真无愧，谁解公休事魏心。

——纳兰容若　《咏史·其四》

此时的他还不会填词，日后那字字巧妙句句伤心的本事，他还未曾学会。不然，或许他给表妹看的，便不再是这首略带义正词严的《咏史》，而应该是“天为谁春”之类温柔又深情的句子。他一边给表妹看诗，一边解释，伊始，他还有些结结巴巴，仿佛不敢高声语，恐惊天上人，后来就渐入佳境，一番见解说下来，便令表妹对他刮目相看。

容若说，诸葛亮是龙，诸葛瑾是虎，这是不假，可诸葛诞也未必只是狗，他之所以被如此贬低，不过是因为后期他未曾恪守一个臣子的气骨，投降了吴国。但实际上，这段历史还另有内情。诸葛诞受降是出于无奈，当时司马氏篡权，掌控了朝政，迫害忠臣，威逼诸葛诞归顺于司马氏。诸葛诞的投降，实则是另一种坚持，另一种成全。只是后人不明白诸葛诞的苦衷，反倒令他白白受了千年的冤屈。

表妹歪着头，促狭道：“表哥，你读了这么多书，难道还不知道其实人们也是理解诸葛诞的吗？”

“其实啊，那时候狗可不是用来骂人的，反倒是夸人勇猛有力，人们将诸葛诞比作狗，实际上也是在夸他是一员猛将呢！”

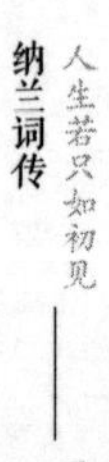

容若怔了一怔，他一心钻研历史，想着要为诸葛诞平反，却从未想到从另一个角度去看待思考问题，这下可糗大了，他挠了挠头："还是表妹冰雪聪慧。"

这句话，是诚心诚意的，并不是打圆场的话。他曾在私底下同人说起过，他纳兰容若此生只佩服两个人，一个是他的父亲，另一个就是他的表妹。上天有时并不公平，有些人是自有天分的，任凭后头的人如何愤然追赶，都始终遥不可及。而他觉得，表妹的聪明灵慧，便是远甚于自己的。

表妹和表哥究竟是谁比较聪明？这样的问题，我们何尝有过答案。或许那真是一位有着七窍玲珑心的女孩子，清透、爱笑，美好得一如六月里的阳光，那娇艳明媚是一泻千里的。也只有这样的女子，才配得上容若的初次心动，配得上他一生的留恋和怀念，配得上他无数词作里阑珊而美丽的那个背影。

那么，她是不幸的，为着她的才情于那时只能拘束于闺阁，受困于高楼，不得外露和流传。然而，她亦是幸运的，为着她遇上了纳兰容若，被他爱，被他痴迷，被他辗转念念不忘。身为女子，一生一份情，足矣。

他是堂堂男儿，行走于世间，能挥斥方遒，能泼墨众生，能在苍茫天地之间留下一道虹影。在当时，他是可以作为一个男子去完成自己的抱负和理想的。只是那时，没人知道，他最亲密的父母也不曾知道，他那一瞬间的理想，是一生一世一双人，是赌书消得泼茶香。所有所有心愿，都只关乎他心里存在着的那个明亮生动的笑靥。却不曾想，愿望有多美好，现实就有多残忍，可最为残忍的是，明知会疼痛，还是忍不住侵袭心头的初遇回忆。

第二节 瘦尽灯花又一宵

问世间，情为何物。翻覆生死如掌中物，魂魄为之销，肝肠亦为之断。那或许是一把比青霜还要锋利的宝剑吧，吹发即断，削铁如泥，一路斩开尘世羁绊，神也好，魔也罢，总归天地之大，没有什么可以成为挡路的荆棘。纵使是死亡，也不允许。

可是死亡啊，毕竟两处茫茫再不相见。于是，情到此处，万念俱灰，只徒然生出深深眷恋，一曲长歌，一阵清风，一声灯花轻微的爆开，都可以成为思念的理由。夜深，人寂，鸟眠，心沉。这无边无际的思念，都凝结到了诗词中去。

谁翻乐府凄凉曲，风也萧萧，雨也萧萧，瘦尽灯花又一宵。

不知何事萦怀抱，醒也无聊，醉也无聊，梦也何曾到谢桥。

——纳兰容若　《采桑子》

一袭白衣的纳兰守着孤夜的清冷，嶙峋的指翻开泛黄的乐府诗集，字字句句一如往昔，回忆里，谁低吟，谁轻和，谁又和谁琴瑟相依，莫不静好。回忆是一坛浓烈的酒，呛人也迷醉。碧纱窗外，风吹萧萧，雨落茫茫，风吹不散过往时光，雨也不能打散此时枯坐的孑然。

谁能知晓，他心头泣血的悲哀；谁能告诉他，昼日清醒时，他的魂魄去了何方，长夜昏冷时，他的神魂又是否还在肉体内。是否，他的七魂六魄早已在她离去的那个夜晚，便已随之而去，徒留在尘世间的，只是一具空壳，一具麻木得不知痛楚的行尸走肉。

都说光阴似箭，如白驹过隙，可此时的他，只觉得岁月悠长，长得像一匹永远也织不完的纱。他多想，即刻走到时光的尽头，让奈河的艄公渡去一船愁思，喝一碗苦涩的孟婆汤，重走一趟不知时日的轮回。

悲伤的时节里没有春天，掰着手指都是数不完的下雪的日子。裹着长裘厚袍，纳兰容若回忆起人生里少有的春光。那时，一切都静如止水，赫然发觉，原来那些春色，已经过去了这么久。那个沉睡在尘埃里的名字，像是晕开淡淡墨色，要融化开来一般，其实他知道，它并不会化去，入了心，刻了三分，覆了尘霜，也不过是做做样子。只是时间那么远，如同千里冰封，她过不来，他也过不去。

她是容若的表妹，在容若的记忆里，永远是她最美的样子。

表妹姓舒穆禄，她生在冬日，梅花凌寒自开的时光。借着梅花香，姑姑便给她取名雪梅。雪和梅都是高雅洁净的东西，她的性子也有几分高洁孤冷，行事也极妙。明珠府的后院有一架藤萝，长长的藤蔓垂如急瀑，日光晃了眼，几乎能看见绿色珠子在周边迸裂消融。

她酷爱那个院子，酷爱坐在藤萝架下扯一段清凉绿意来看书。容若也喜欢，因为看书累极时，伸出掌心，能集一捧藤萝叶子滤下的金沙，分明无形无质，依旧令人愉悦。这只是小干系，最重要的是她喜欢，喜欢她所喜欢的，这像是容若生命中一个早已养成的习惯，多年都不曾改变。

藤萝花开了，绿色瀑布里涌出斑斑点点的白色小花，像晴好夜空的斑斓星光，一丝丝的亮，透着无边无际的绮丽。她更喜欢去那里了，带着一方白帕，在地上细细捡起被风吹落的花瓣，身影认真又愉快。容若忍不住问，这是拿来做什么呢？

藤萝饼呀。草地中伏着身子的少女歪过头，语笑嫣然，说，花落了就枯萎了，可藤萝花落了，还能在嘴里开放呢。她兜着一捧花，从房里找来一只缠枝青莲碗，将藤萝花用冰糖渍了，待晚上拌成了花糖馅儿，调和面，架上蒸笼，便是一只只甜香馥郁的藤萝饼。

那清香的甜，一直在舌尖，萦绕了数月，都不见消退。

她的聪敏，又何尝只体现在制作藤萝饼上。一日，两人坐在藤萝下，背对着暖暖阳光。她捧着脸，闭着眼睛，长而乌黑的睫毛像一双灵蝶，点过碧水，撩拨出一腔缭乱。似乎是漫无目的的，她问容若：表哥，你最喜欢做什么事情呢？

少年不假思索：读书。

雪梅接着问：那么读书完了之后呢？

她的问题一向古灵精怪，容若不以为然：读书读完了，我还有骑射要练习的。阿玛说，齐家，治国，平天下，要做一个真正的君子，保家卫国，守护边疆，必须会骑射功夫。

叹了口气，她又问：那骑射完了呢？

骑射完了就读书，天底下那么多书，他还有许多没读过呢。这样回答完毕，就连容若也晃了晃神，原来自己的生活里，只剩下这两样事情了。简单，纯粹，却不免也有些乏味。他从未想过，原来自己的生活竟然就这样平淡。在回答这个问题之前，他以为，每个人年少时的生活都不过如此，读书为明理，骑射为成才，何况，那是父亲所希望的。他一丝不苟，并不觉得辛苦。

那么你呢？少年反问道。

少女想了想，清如莲子的双眸忽然闪过一丝羞涩，神情却庄重端方，仿佛她做的是一件非常了不得的事情，许久，她才慢慢地说了八个字：清风朗月，辄思玄度。

他不是不知道，表妹最是景仰魏晋气度，嵇康阮籍，大谢小谢，她都能如数家珍。而思玄之道，是魏晋名士最热衷的事情，他们在思玄中，悟出了哲理，悟出了人生，也悟出了星月和天地。表妹所说的清风朗月，辄思玄度，则是魏晋时期名士刘真长和许玄度的一个典故。

《世说新语》中曾提及，许玄度是当时受人景仰的隐士，他生性高洁，萧然不羁，刘真长同他是好友，当刘真长为丹阳尹时，许玄度前往小聚。刘真长为许玄度准备了非常华丽的屋子和十分美味的酒食，许玄度感叹说，若能天天如是，比在东山隐居不知好了几许。刘真长便道，人的命运都掌握在自己手中，贫贵皆是自己的选择。然而，小聚之后，许玄度还是翩然而去，不留恋凡尘荣华。后来，许玄度离开尘世，刘真长到他曾小住过的居所中怀念这位好友，叹息般说出了这句话。

“清风朗月的时候，我总是要时不时地想起玄度呵！”

人世间悲欢离合在所难免，流离和相聚，都不是渺小如蜉蝣的人所能掌控的。为相聚而欢喜，为流离而忧伤，每个人都如是。然而，流离又何妨呢？有分别的怅然，才有欢聚的痛快。

表妹的回答，不过是仅仅针对容若的反问，给予了一个答案。他们都无法预料，这句话宛如谶言，在他们依旧相聚的时光里，便昭示了分飞的落幕。在往后的日子里，他们将彼此离散，高墙冷月再不相见，连绵的宫阙将阻隔所有相守的可能，余生苍凉，他们亦只能如刘真长面对满地旧物，追思怀念着并肩而行过的故人。

可到底是年轻，就连容若也不曾多想，很快就将这句话带来的伤感甩在微风里。人生多漫长啊，都看不到结束的界限，他们还有很多很多的好时光，未来的事，不如留给未来去烦恼。现时的快乐，先抓住才是最要紧的。

秋高气爽的时候，容若便带着雪梅去郊外骑马，偶尔玩性大发，便甩开身后一群小厮婢子，遥遥而去，趁着天未向晚。

雪梅不同于一般闺阁女子，如他一般，祖辈们兵戎生死的血脉传承到她身上，使得她的心性里，也藏着一股凛冽爽朗。她不怕马，反倒喜欢极了，缠着他要学。趁着无人时，他也偷偷教过她。她悟性好，几乎都没摔过，便骑得相当不错。

容若的骑术极好。他有一匹枣红马，性子烈，唯独他能驯服。他还有一个绝技，能藏在马肚子下，远远望去，只见一匹马在奔跑，而看不见，原来马腹下还藏着个人。这一手，他还拿来吓过雪梅。

一次，他们去习武场骑马，容若照常骑着他的枣红马，雪梅悠悠地跟在后头，忽然发觉枣红马上没有了表哥的身影，莫不是给马惊着坠下去了？这个念头把她吓得够呛，顷刻想调转回去呼救。却见枣红马转过头来，风驰电掣一样奔回来，在她跟前停住了脚步。

一个眨眼间，少年以矫健如燕的身姿翻转，即刻稳稳地落在马背上，笑嘻嘻地看着她。满满的担忧和焦灼突然消于无形，莫名的怒气涌上心头，她一言不发，下了马，转身往回走。容若一头雾水，却也知道表妹生了气，赶紧下马追赶，等追到了，便好言求饶。

他以为，这不过是小女儿脾气，哄一哄就好，发一发性子，也就作数了。未曾想，她侧着脸，始终冷冰冰的。等他终于看清了她的面容，却望进了一双泪眼盈盈的眸子中。

一时间，容若说不出心里究竟是什么味道。那个瞬间，他究竟是怎么想的呢？她一向很少落泪，这些年，他也只见过她掉过一次泪，那还是她没出丧期的时候，孤身一人远赴京城，想起过世的严父慈母，忍不住悲从中来。其他时候，她看上去比谁都快活。可现下，她是因为自己哭了吗？恍恍惚惚，迷迷蒙蒙，半是欢喜，半是苦恼，可这一半的苦恼，日后想起来，也是淡淡的甜，好似藤萝花的清甜。他记得那时他又是赌咒，又是保证，才把她哄得破涕为笑。

或许正是在那一秒，少年容若终于意识到自己对表妹的感情——那不是一般的兄妹之情。而此前所有的悸动和心潮，都被他自己归类于是多年孤寂忽然有伴的欢喜。而现在，他再明白不过，寻常的兄妹情，不会让自己在她哭泣的时候惊慌失措，小心翼翼得唯恐说错一句话。

这就是情吗？这就是书里常说的，能够令人为之生为之死的情吗？原来情的滋味是如此美妙，如同自由地飞翔在云宫的碧空，浮云万里任由翩跹，长空浩渺也无所拘束。

明了自己的心意之后，容若更将表妹视如宝物。他没有爱上过谁，青涩而单纯，却也明白，珍之重之的道理。

第二节 犹记碧桃影里、誓三生

燕归花谢，早因循又过清明。是一般风景，二样心情。犹记碧桃影里、誓三生。

乌丝阑纸娇红篆，历历春星。道休孤密约，鉴取深盟。语罢一丝清露、湿银屏银屏。

——纳兰容若 《红窗月》

凄冷的春雨催回了向南的燕子，它们归来得晚，京城里的桃花已经飘零。清明时节雨纷纷，这一日，郊外古墓上，也整洁青翠，就像是积年流落的孤魂，一年里在这回停留，歇脚。

纳兰容若很久不曾推门而出了，冬天的严寒倦怠了他的魂魄，而他更怕的是，看见物是人非的情景。最不堪时，便是一年年的风景如旧，而他的心，却一年年地孤冷如枯井，如一潭死水，无波无澜，就连桃树上飘落的瓣瓣淡粉，都不能染活一丝心绪。

因为他是那样地恐惧，生怕自己回忆起当初，情定三生的片刻。但纵使他不想，不念，不闻，记忆依旧无孔不入，提醒着他当初的如花如梦。青苔结满石阶，蛛网占据窗落，揭开往昔的旧伤疤，他看见他们一起写下的篆书，她的字清灵秀美，洁净幽雅，他常说字如其人，也没料到实际字亦如命。约好的三生还在耳畔，而他的身侧，已不再有人软语温存，只有穿堂而过的冷风，吹着点点雨水气息，湿润了山水屏风，也湿润了他的梦。

纳兰容若，这个如词一般精致哀婉的名字，温柔了整个清朝的冷月。岁月泥泞，坑坑洼洼，堆满穿行而过的人们的七情六欲，它记录下来的纳兰容若，是一弯黛色的眉，风月无边，掩映于青纱后，狭长且葱茏，余尾，是悠长辽远的哀伤。

有过漫无边际的喜悦，才深知哀伤涌来，神魂不能自主的痛楚。纳兰容若，也是行走尘世间信仰爱情的使徒，一样在摸爬滚打，一样会喜怒哀乐，他的哀伤，也源于那深深的喜悦。

两情相悦时，最欢喜的瞬息是何时？容若在词里告诉我，是两心相印剖陈心迹，且约定三生的那一刻。在明了心意之前，暧昧不明，反复回顾彼此的眼神与动作，一个小小的细节都能牵出大片思绪，蔓延如荒原上离离的草。在思绪里沉沉浮浮，一颗心也随之上上下下，难免会觉得难过。

可挑明就不一样了。一鼓作气，大不了直言一句，我喜欢你，想跟你永远在一起。若是她的脸上，也浮起可疑红晕，那么恭喜自己，多日的忐忑，不算是一个人在煎熬。

容若的表白，是在一个桃花灼灼的日子里。

其实也没有特意花费功夫，只是郑重其事地穿上最华贵的衣袍，精心修饰了面容和仪表，然后去赴一个约。一切都是水到渠成的，自然而然，就那样脱口而出了。

在明珠府，表兄和表妹的感情深厚，那是众人皆知的事。下人们还不敢多嘴，可落在明珠夫人耳中，那意味就不寻常了。虽然表兄妹之间通婚的大有人在，然而在自己的儿子身上，明珠夫人却并不是这样打算的。凡贵族门庭，孩子们的亲事都是父母做主，而每一桩婚姻的背后，都勾结着千丝万缕的利益联系。如果容若娶了雪梅，这并不能给明珠府带来任何好处。

夫人暗忖，便叫人把雪梅的贴身侍女带过来，特意敲打了一番。这样还不够，两个孩子身边，到底要多添几个人盯着的好。雪梅的婢女是她用老的人了，一回去，就将此事一字不落地告诉主子。得知此事的雪梅，便前去书阁寻容若。

正是碧桃开得烈的时候，大朵大朵的重瓣桃花簇簇拥拥地映红书阁外的一口方塘。雪梅蹑手蹑脚地走进来，瞧见容若正在看书，不由笑道：表哥现在可是名满京城，怎么还这样用功？

容若一回头，便看见她笑盈盈地站在门侧，人面桃花相映红般的美丽。在她面前，他永远是嘴笨的那一个，被调侃了也只温柔应道：好厉害的一张嘴！她不接着往下说，却张口吟诵起了他前不久写的词：夕阳谁唤下楼梯，一握香荑。回头忍笑阶前立，总无语，也依依。笺书直恁无凭据，休说相思。劝伊好向红窗醉，须莫及，落花时。

表哥你握的，是哪家闺秀的香荑呢？雪梅看着容若，眼中有种说不出的促狭。

其实她如何不知晓？不过是寻了由头，戏弄调笑。他脱口而出，还能有谁，自然是郎骑竹马来，绕床弄青梅。这已经是这双小儿女所能想到的最大胆热烈的表白方式，容若的直接，令一向伶牙俐齿的雪梅忽然愣住，她没想到，素来沉稳静默的表兄，会在这样猝不及防的情况下，表明心迹。

空气，仿佛停止了流动，就连庭院山石间窸窣扑腾的鸟儿，都无意地静默起来。容若似乎也是被自己的表白吓了一跳，久久沉默着，不敢打破此刻的宁静，却也想不出，该如何面对接下来的事情——如若她并未钟情于自己，那自己不是将她陷入尴尬之境吗；可如果，如果她也跟自己一样，他们是两情相悦的……这个念头一生，便如同一只温柔的手，轻柔地抚上他的咽喉，令他呼吸不稳，心跳紊乱。他偷偷抬头，注视着无措的少女。只见她脸上并无嫌恶的神情，只是渐渐羞红了脸。

容若明白了过来。那瞬间，欢喜如同绵延不息的潮水，一层一层翻涌流动，激荡在心间，充实愉悦了整个人生。该用什么话来形容当时的快活呢？他写过那么多诗词，读过多么书，却找不到一句妥帖的。

后来，母亲的阻止，令他们相见的机会越来越少。但什么能够阻挡住两颗相爱的心呢？雪梅托婢女送来一方手帕，上面是她的一首应和词：玉环坠耳黄金饰，轻衫罩体香罗碧。缓步困春醪，春融脸上桃。花钿从委地，谁与郎为意。长爱日华清，此时憎月明。

其实同居一个屋檐下，纵使有母亲的阻隔，但也有眼线所不能及之处。约定三生后，少有几次见面，都在书阁。暗夜深辰，各自从寝楼中溜出，在夜色的掩护里，绕过水声淙淙的泉流，越过嶙峋如骨的山石，推开书阁小门，暂且相守，暂且相拥。

即使是在这样的偷偷相见中，即使早已认定彼此就是自己厮守终生的人，他们亦是恪守礼节的，不曾做出什么逾越的事情。情到浓时，终究按捺不住，也只是轻轻握一握那双十指纤纤的手，感受片刻情之一字带来的炽热和美好。

他们有时只是静静坐着不说话，有时也会学着李清照赵明诚的闺房情趣，赌书消得泼茶香，便是这种游戏。游戏规则很简单，一人吟诵诗文中一句，另一人则说出这句是出自哪篇诗文中的哪一句。这样的文字游戏，须得两个文学造诣都深的人，才觉得好玩。一旦玩起来，便觉得多久都不算晚，两人时常是天色微白，才偷偷回到房中，次日浑然如无事。

而最后一次相见，他们所不知晓的最后一次，不知怎的，容若脱口而出的便是：彩袖殷勤捧玉钟。当年拼却醉颜红。舞低杨柳楼心月，歌尽桃花扇影风。从别后，忆相逢。几回魂梦与君同。今宵剩把银红照，犹恐相逢是梦中。

是晏几道的《鹧鸪天》，离别爱恨纠缠苦痛的词，他不知道自己怎么会突然想起这首词，那时的他，也并不知道，这段情窦初开的爱，注定是一生的孤注一掷。

更莫提，他这一生，所有的爱恨，都已注定落花流水随春去。年少时的爱恋大多无疾而终，相爱时，却很难会想到未来，只且贪顾一时的欢，纵得一日的情，便是又偷来一日的快活。

容若也从未预知，他的初恋，会结束在那样仓促而无法反抗的命运中，他甚至都没有好好告别，甚至不曾对爱过的那个人说一句祝福的话语。命运对他们，都太残忍。所以，他只能在回忆里，一次次反复重铸，在记忆的罗网里重新修改和编纂。从记忆缝隙里漏出来的字眼，便成了他的诗，他的词，他的魂，还有他的心。

第四节

一生一代一双人，争教两处销魂

不记得是在何时，读到这一句“一生一代一双人，争教两处销魂”，或许在一卷泛黄的旧书里，乍然一见，未经细品，已不由觉得悲从中来。

一生一代一双人，争教两处销魂。相思相望不相亲，天为谁春。

浆向蓝桥易乞，药成碧海难奔。若容相访饮牛津，相对忘贫。

——纳兰容若　《画堂春》

生生世世，都已约定好要厮守的一双璧人，如今却各自天涯。不是因为爱已淡薄，也不是因为爱上了他人，只是因为奈何不过残酷的造化，终归落得两处

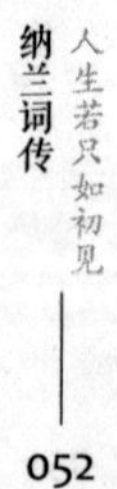

孑然。

容若人生中的第一次离别，便是告别第一次深爱过的女子。在寻常人眼中，他十余年的生命历程几近完美。出身不凡，天资聪慧，少有才名，十七岁入太学，十八岁中举人，老话说世间安得双全法？于容若身上，却仿佛事事顺遂，只得静好。

但世人却从不知晓，十八岁里春风得意的少年，也曾痛不欲生，初次品尝到了失去的苦涩。命运毫无预兆，或是它曾发过慈悲，在谁的命定轨迹里，刻下微渺的偈语。然而匆匆来去的人们，从未发现过它的悲悯，纵使发现又如何？命运，毕竟无法重归伊始，福祸悲忧，都是一个人的劫，一个人的遇。

容若的才华，年少即为京城所知。这座古老的帝都，很少有人不知道，成亲王府出了一个才华横溢的小公子，不仅长得俊秀，更是写得一笔好诗文。容若的成名，或许同他的贵族身份脱不开干系，然而，更多的是他的才华，使他真正得到了当时文坛主流的认可。

那是在清朝文坛一大盛事——秋水轩唱和中。秋水轩是京城名流孙承泽的别院，他有一位好友，名叫周在浚，是小有盛名的青年才俊。他来拜访孙承泽时，便住在秋水轩，一时吸引了不少文人墨客前来吟诗唱和。其中有一位名叫曹尔堪的诗人，借着酒兴，写下一首《金缕曲》，广为传颂。众多文人纷纷应答效仿，按照曹氏《金缕曲》的韵脚，也作出许多《金缕曲》。

当时不过十七岁的容若，也随之写过一首《金缕曲》：

疏影临书卷。带霜华、高高在下，粉脂都遣。别是幽情嫌妩媚，红烛啼痕休泫。趁皓月、光浮冰茧。恰与花神供写照，任泼来、淡墨无深浅。持素障，夜中展。

残缸掩过看逾显。相对处、芙蓉玉绽，鹤翎银扁。但得白衣时慰藉，一任浮云苍犬。尘土隔、软红偷免。帘幕西风人不寐，恁清光、肯惜鹴裘典。休便把，落英剪。

——纳兰容若 《金缕曲》

十七岁的少年在此次盛会中脱颖而出，之前，人们只知道成亲王府有个小神童，现下，多数文人都知晓了纳兰容若的名字。这个清雅美丽的名字，如一朵芬芳的茉莉，迅速绽放在清朝的文坛上。次年，容若中举，这个名字，更是广为人知。

正值春风得意，哪知潜流暗涌，将他坦荡的人生，匆忙就改了模样。表妹雪梅，在母亲的授意下，被选送入宫门。容若知道，父母并不欢喜雪梅嫁入明珠府，他们更中意卢家的一位闺秀。他也知道，在婚事上，自己并没有做主的权利。可他总惦记着，天长地久，总有那么一天，他会感动他们，会让他们看到自己的爱情，人心总归是血肉而生，他想，总有一日，精诚所至，金石为开。

他不曾料到的是，父母的决绝远胜过他的坚持。雪梅入宫为妃，等他得知消息，匆匆赶回，一切都已尘埃落定，他甚至来不及见她最后一面。佳人恍然远去，独留下满室忧伤。

“侯门一入深似海，从此萧郎是路人。”侯门尚且如此，更何况是宫门？

她被迫离去的时候，是否流过泪？容若想着她离去时的情景，疼痛如撕心裂肺，令他连喘息都觉得疼。其实更疼的，是裂开的心。那样长的一道血痕，斑驳着难以愈合。他忍不住不自责，是他太无能，没办法将她留住，没办法获得父母的认可，没办法将命运的狰狞双手用力推开。

他发现，原来茫茫人间，他的力量是这样微小。他的手中，没有一种像出鞘的剑，能伤人，亦能保护人的叫作“权力”的东西。可这东西，他的父亲有，紫禁城中的帝王也有，这些少数站在巅峰上的人，苍生在他们眼中，肆意调遣如棋子，棋子的喜怒哀乐，又有何妨？

意难平，到底是意难平！

他想起不久前，月影回廊里，他们并肩坐着，她轻轻靠在他身上，一缕幽香朦胧如山水画。他还同她说，他今生只认定她一人，如若额娘还不同意，那他愿意丢开这府中的一切，带着她寻一处清静之地，当一个普通人，日出而作，日落而息，日子再清贫也无所畏惧，只要他们都还在彼此身侧。记得那时，她微微弯起嘴角，抿出一抹笑意，低低应了一声：嗯。

而如今，她大约只恨自己，做过的约定都辜负、践踏，是她信错了人，也爱错了人，她以为的依靠，不过是同样在苍茫人海里漂流无依的浮木，连自己的起落都无法掌控，又能拿什么来保护她呢？

容若不顾父母劝阻，连日盘桓在紫禁城外，甚至想要混入宫中，偷偷去见表妹一面。他想知道，她在里面过得好不好，她是不是时常想念着自己。但就这样吧，就让自己跟她待在同一片天空下，或许他们的距离近在咫尺，只隔着一道高墙，只分着几许柳色。凑近了，或许他还能闻到熟悉的味道，那是属于她的温柔。“回去吧，少爷，表小姐是不会再回来了！”书童阿满劝了又劝，而他却怔怔抬头，望着高墙里金碧辉煌的珠楼，现时的她，又住在何处？看似堂皇，其实哪里是人住的地方？

> 妾家望江口，少年家财厚。临江起珠楼，不卖文君酒。
> 当年乐贞独，巢燕时为友。父兄未许人，畏妾事姑舅。
> 西墙邻宋玉，窥见妾眉宇。一旦及天聪，恩光生户牖。
> 谓言入汉宫，富贵可长久。君王纵有情，不奈陈皇后。
> 谁怜颊似桃，孰知腰胜柳。今日在长门，从来不如丑。
>
> ——于濆《相和歌辞·宫怨》

帝王有后宫三千，年复一年，如花美眷被送入宫中，长门镇日等待皇帝的偶一回顾。且不论这概率何其渺茫，便说帝王之家，最是薄情，

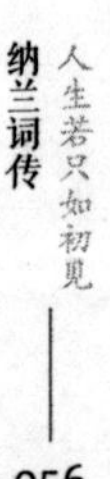

以美色侍人，多不得长久，真正能在宫中屹立不倒的，无非是权力此消彼长、相互勾结的结果。

紫禁城，是一座断情绝爱的城。他的雪梅，他是希望她能够成为那寥寥无几的幸运儿，还是寂寞地在深宫中老去，像偏远的梅花，无声地凋落呢?

可她的人生里，今后快乐也好，悲伤也好，终究已不再和他有关系。因为他已无能为力，正如她对他此刻的痛，也无能为力。

他们明明相爱过，相许过，却终于像两道从未相交的平行线，在各自的时空里不断延展，只是，再也遇不到彼此。他只能在每一个风清月朗的日子里，遥遥地望着碧空，以满心的虔诚，祝愿他爱过的那个人，每一分，每一秒，都能过得坦荡而惬意。纵使代价是，她不再记得自己。

容若的心愿，直至人生的尽头，他也不曾知晓是否实现。实际上，她也未辜负过年少那段爱恋。虽然人在宫内，和容若天涯相隔，可她的心已经彻底给了那个少年，再也没有第二颗，拿来拱手相送。

她将自己铸成一座小小的门扉紧掩的城，春花，柳絮，莲落，霜红，任凭世间流动千万美好，城门始终不肯透开一丝缝隙——她在等他，等着有一日守够了宫内的年月，可以出宫与他相聚。哪怕那时，他们都已青春不再，哪怕他身侧已有了温柔敦厚的妻子，可不打紧的，只要他们还能再相见。

她怀着这个洁净脆弱的愿望，一日日地守着她的青春，在深宫中渐渐枯萎。寂寞空庭春欲晚，梨花满地不开门。相思相望，对他们而言，或许便已是最大的奢侈。因为她终究没能等到他，在她推开宫门之前，生死，便已彻底隔绝了他们。只有往昔，是属于他们的。

错过 · 思念 · 叹息

第一节 又误心期到下弦

彤云久绝飞琼字，人在谁边？人在谁边？今夜玉清眠不眠？

香销被冷残灯灭，静数秋天，静数秋天，又误心期到下弦。

——纳兰容若 《采桑子》

一生别无所好，唯独喜欢品书。便如东坡居士“宁可食无肉，不可居无竹”的执念般，书，亦是我的劫，我的执着。读摩诘的诗，静心养气，仿若尘世之间，处处碧流青石，再焦躁烦恼的心，亦能得以平静；读温庭筠的词，却不由要受一番红尘侵扰，念一念紫陌萦绕，想着天上人间，到底是人间热闹，有多少鬼魅七彩，充实一桩皮囊；读纳兰词，却又是另一番滋味了。

在簌簌落叶的秋天，翻开纳兰词，本身便有一种“一卷离骚一卷经，十年心事十年灯”的寂寥。而词中的字字句句，如自有魂灵，活生生地映入眼帘，跳入心城，生生息息都牵动着每一分脉搏的跳跃，跟着他欢喜，跟着他苦恼，跟着他相思，也跟着他流泪。

容我不知轻重，将容若的词换一个模样。或许，用这种方式，我们更能靠近他，轻敛的眉，紧缩的心，温柔地抚去他骨骼间的褶皱。

容若的相思，沉重如雪，冰冷而令人无法呼吸。哪个女子，红尘有幸识得他，有幸承受这一番情深如海。那时，是雪梅，那个有缘无分的女子，徒然走入他的生命，又仓促惊愕地被迫退出，人生没有回头路，他们的缘分，终止在深深宫门阖然紧闭的那一瞬，而原地，空留下容若，很久很久，都不曾忘记她。

不久前，他完成了《杂识》编撰，此书全名叫《渌水亭杂识》。这部书分四卷，囊括万千：天文、文学、地理、历史、音乐……这耗费了他三年的时间，一有空暇，他就匆匆返回书阁。因为容若并不常出来应酬相聚，京城的贵公子们渐渐觉得他是个满身酸腐的怪人，不喝花酒，不爱聚赌，也不跑马斗鸡，只晓得看书做文章，实在是无趣得紧。他们需要一个玩得痛快的朋友，并不同容若行走在一样的人生河流上，久而久之，他们便不再来邀请容若，京城的公子圈，仿佛自动摒弃了明珠家的小公子。

这其实正中容若下怀，这下他就不必担忧奋笔疾书时忽然被谁打断了。著述需要一个清静的环境，他的父亲身居高位，家中客人络绎不绝，实在不算清静。几日后，容若将书稿都搬到了自怡园中。那里本来便是府中的僻静地方，他还亲自设计了三间小茅屋，茅屋落成后，便成了他的天地。

花木葱茏，鸟语泠泠，因为树木郁郁，阳光也并不刺眼，穿行过婆娑的枝叶，落在小窗前时，已安然柔化。茅屋后有几分田地，下人们开垦了出来，种上几畦小菜，一目望去，只觉碧绿可爱，田间间或环绕着曲水浅流，倒极有几分野趣。流水深处，架着一间小亭，穿风避雨，剔透玲珑，半靠着中空的山石，深夏里也借得几许清凉。

看书到疲倦时，他便搁开书卷，往小亭上走一走，有时实在贪凉，也会将书稿搬到亭子里，就地下笔。有时，雪梅也会往此处来，帮他整理书籍，记录文字，收拾章节，也同他讨论问题，毕竟，两人一同想事情，总比一个人来得快，何况，容若一向觉得雪梅更要比自己聪明。

书稿完成的时候，也是她在自己身边，软语浅笑地恭喜，却也为他烦恼："表哥，你说这部书要取一个怎样的名字才好？"

大俗大雅的，容若都不喜欢，这个问题，他也思索了许久，最后两人商榷决定，不如就叫《渌水亭杂识》。总归是在这间小亭子里写成的书，《醉翁亭记》《岳阳楼记》也借着地名，闻弦而知雅意，这个名字，他很喜欢。

小小年纪，就能编撰成一部书籍。可见容若着实才华横溢，博闻强识。得知此事的国子监祭酒徐元文对他大加赞赏，甚至亲自将容若引荐给家兄徐乾学，道：“司马公贤自，非常人也！”这个已是十分高的赞誉，容若的才名，一时为天下所知。

未久，容若走科举，前往顺天府应试，毫无意外地，他顺利中举，取得了举人资格。那年，他十八岁。这个消息送回成亲王府，府中上下一片欢天喜地，明珠夫人连忙吩咐下人张灯结彩，将偌大府邸，置成一派喜气洋洋的样子。而京城内外的官员听闻明珠家的小公子中举，也借着这个由头大肆往明珠府送礼，大大小小的礼物，搁了好几间屋子。等到容若返回家中，又大宴宾客。

父母这种做派，容若甚是不喜。

他一向是不喜欢应酬的，那种筵席上你来我往的吹嘘奉承，句句都不曾出自真心，却得含笑收下，再客套几句“哪里，哪里”。相比之下，容若更愿意在渌水亭里，听听清风吹过树林的声音，看看夜空被星光点缀的样子，还有，看看表妹那真心的笑意，淡淡的，眼眸却是闪亮如星的。

只是在真心欢喜的同时，她亦觉得心有不甘。为何男子可以行走天下，参加科举，走上仕途为国效力，而女子却只能在深闺之中，相夫教子，操持家务，白白空负了满身才华？这个世道，对女子而言，是何其不公啊！

他安慰她，她的梦想，也是他的梦想。现在，他背负着两个人的梦想在行走，他的圆满，也正是她的圆满。犹记当时雪梅飞红了双颊，一抹淡粉凝在如玉的容颜上，如莲花的盛开。她娇嗔道：“难道你的东西，便是我的东西？”

容若素来端方，那时却不忍促狭，低声道：“那是自然，我早已将你视作我的妻子，夫妻同体，你的东西便是我的东西，我的，自然也是你的。更且别说，你是我的，我也是你的。”自从互明心迹以来，甜蜜的话说了许多，花前月下，海誓山盟，像今天这样直白炙热的话却还是头一回，他也是第一次说出隐藏在心底的真心——他早已将她当作自己的妻子，生生世世，便唯她一人。

情深如斯，违背了父母，背叛了家族，交付了彼此有生以来最真诚的心，却终究失散在诡谲的命运河流间。

多年后，深宫中逝去了芳华的她终于敢翻开那一卷《乐府诗集》，那是容若相送的，是她身边如今唯一同他有联系的东西，她始终不敢打开。容若证明爱情的方式是一次次的回忆，刺伤，沉醉，痛不欲生；而她的方式，是懦弱，冰封，深锁，覆盖尘埃。

翻开诗集，一张纸飘零于地，上面的字迹刺痛了她的眼睛，那是此生，他们最后的交集，仅仅落在这几行诗上，却沉重如千钧：一枝春色又藏鸦，白石清溪望不赊。自是多情便多絮，随风直到谢娘家。她反复吟着这首《柳枝词》，仿佛要将每一个字，都深深镌刻于血肉灵魂里。

吟一字，便觉得痛一次。他曾以这种方式，将爱意缠绵于词句，夹杂在诗集里，盼望她能看见，还追问过好几次她读完后的感受。而今，她却再也没有机会告诉他此时的感受。他说：春色满园，绿意幽深，藏起了一只乌鸦，不远处是望不断的白石青溪。碧空下飘荡着纷纷的柳絮，为何柳树会生出这么多柳絮呢？莫不是因为柳树多情，于是生出了柳絮，借着春风，飘入心爱女子的手心？

冰冷的泪，滑落过苍白的脸，悄然落入墨色，晕开淡淡的悲凉——他们，终究是错过了。错过了，就是错过了。时如逝水，永不回头。高墙深宫，寂寞如雪，她这一生，也只能是这样了。可她依旧希望，他的一生，还有转圜，还有拥抱爱情的时光。他不一样，他是要背负着两个人的理想，于苍茫尘世间行走的。她想起他说这句话时的神情：坚定，执着，燃烧着截然不同于贵公子们的璀璨。那时的他，明亮得令她几乎流泪了。这样的他，一定，一定要继续执着地走下去！

深宅旧梦长，悲欢总是忆昨日。一方绫罗帐中，一方芙蓉梦浅，寒鸦一声声地凄凉着夜色，打更人嗓音嘶哑，敲开了时光流痕。风堂皇入室，卷起案头《渌水亭杂识》，往事如薄暮，而它，依稀是旧日墨色。

第二节 非雾非烟，神女欲来时

湿云全压数峰低，影凄迷，望中疑。

非雾非烟，神女欲来时。

若问生涯原是梦，除梦里，没人知。

——纳兰容若《江城子·影凄迷》

这首词，出自纳兰容若的《通志堂集》，收录该诗时，有题附于其上，说是“咏史”。有些诗人酷爱咏史，杜牧的咏史诗写得大江东去，气势浩荡；李商隐的咏史专注于忧愁伤感，令人无端觉得时运无常；容若这首《江城子》，实际上同历史没什么关系，如果非要扯上关系，无非是有宋玉梦神女的典故。

有史记载，楚国宋玉因梦神女，而写成名篇《神女赋》和《高唐赋》，精妙绝伦，飘荡迤逦，是赋中上品。其中关于描写神女风姿的句子，冰雪脱尘，令当时还年少的容若，念念不忘。“茂矣美矣，诸好备矣。盛矣丽矣，难测究矣。上古既无，世所未见，瑰姿玮态，不可胜赞”。那样绝美的女子，大约也只有缥缈巍峨的九天之上才有罢。

容若的念念不忘，多年后，凝成了一个叫作《江城子》的梦。这个梦，终年萦绕着渺渺的雾，山木玄露，水色凄冷，如一场千年之前瑰丽皎洁的梦境。在梦里，他看见湿润的云，无声地沉醉了幽深的江峰，亘古不变的山石遗落在参天的树木间，雾气深深缭绕，自高悬的云端缓缓降落，迷蒙了彻夜山水。万籁俱静，茫茫雾色里，仿佛有山鬼女仙渺然无踪的影子，一阵风掠过，一如她们行走而过的熏风。江上有孤月，月影凄楚迷离，衬得一江愁肠。

烟雾是入木三分的迷津，惘然了众生。或许神女，便是趁着天地无知的这一刻，翩然而来。烟太深，水太迷蒙，看不清她的面容，只晓得那大约是一个身姿绰约容色端丽的女子，染着容若熟悉的气息，揉碎了肝肠，不由追忆起记忆深处，那个熟悉而陌生的身影。其实，他也知道这不过是一个美丽的梦境，可庄生梦蝶，人生也无非是大梦一场，又何妨追寻，何处是梦，何处不是梦呢?

相思，令年轻的容若生了一场大病。病中，他错过了那年的考试。痊愈后，他发现，病愈的是身体，而心，依旧病重。他不断地思念那段逝去的爱情，看山是情，看水是情，世间万事万物，在他眼里心里，都是爱情曾经的见证。天与地，并不因为他一个人的悲伤而悄然静止，一切安好，唯有一颗心，千疮百孔，这是多么残酷的事情。他看不穿过去，也望不透未来，而现时在他脚下，飘飘荡荡，如同浮云。佛的光芒，正是在那时走进了他的胸臆间，成为他的救赎。

一个缘，是佛的真谛。而容若，和佛法的缘分，是注定的深厚。命运的驱使，令这个为情所伤的少年，来到了广源寺的门前。佛香袅袅，白色的烟雾，如同在他面前吟唱着凝重的梵音。虔诚的信徒容色端庄肃穆，在佛前祈愿或还愿，深深叩出一场长乐安宁。少年颤抖的心，忽然感到一阵前所未有的宁静。

他还未曾叩开佛的门，他们之间还隔着一顷塘，一卷莲。风过处，田田莲叶越起轻柔的碧绿，一片花瓣落下，激荡在涟漪之间，犹如佛的点化。容若似是心有所动，沉睡了许久的心，忽然漾开了莲落般的思绪：

华藏分千界，凭栏每独看。
不离明月鉴，常在水晶盘。
卷雾舒红幕，停风静绿纨。
应知香海窄，只似液池宽。

——纳兰容若　《荷》

这是容若第一次经受禅意佛香的感染，化作的思虑万千，其实只得一句：应知香海窄，只似液池宽。佛法无边，可以成为世人的救赎，

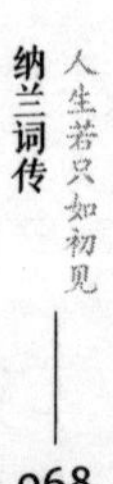

对于那些能抛却尘缘的人来说，悲欢之间不过一道浅浅溪流，然而，对于看不透红尘的自己来说，却是皇宫深处的茫茫太液池，任凭他怎么努力，依旧无法逾越。

容若以词传世，以至世人常以为他只是写得一手好词，于诗上，大约是不精通的。然而这首五言诗，却打破了这种惯常印象。写得好词的人，往往也能写得好诗。这首诗虽然只是点明他此刻的心境，却平仄整齐，韵脚严密，用典精细，意境更是沉静深刻。他不再怨恨天地的不公，不再惆怅人生的无常，虽然放不下，却已不怨不怒，终究是造化弄人，渺小如他，要怎么去翻覆那一双沉重的手？佛的慈悲，令他发现了尘世的可贵，也令他重新寻回了平静的内心，可他依旧深深眷恋着那段过往。

只是，他不再执着，不再心生怨恨，不再苛求时光倒流人世重来。他只是想再见她一面，以后，遥遥地祝福他深爱过的人，不论身在何处，亦能心静如水。可是深宫幽幽，宫禁严密，让他无奈失望。

这时，一位老僧人出面，帮助了这个无助的少年。事实哪里那么多巧合，或许是佛怜悯容若，冥冥之中，指引着他的方向。

适逢皇宫大办道场，老僧人带着换上僧衣的容若，混入了操办法事的僧人中。这本是弥天大罪，幸好僧人们来自各个寺庙，彼此并不熟悉。容若顺利地跟着僧人们混入宫廷。冒着死罪，他终于站在了这片禁锢了此生挚爱的深宫。

然而，三千宫苑，到处都是身着宫装的女子，在这么多人当中寻找表妹，又谈何容易？一样的衣着，一样的发饰，一样美丽而年轻的面孔——一样都是寂静成灰深宫里，落寞老去的青春。少年茫然而绝望地注视着一切，在心底默默地祈祷佛的援助，只要见上一面就好，哪怕没有任何言语，他也不会去奢求带她离开这个金色牢笼。他只求看她一眼，最后一眼。

或许是容若的诚心感动了上天，蓦然回首，他似是看见了不远处回廊里，有他所熟悉的那个身影。她正走在一群宫女间，身姿窈窕，像初见时，亭亭洁净的白莲。她看上去，清减了许多，丰润的脸颊，消瘦出了尖尖的弧度，脸色也并不好，脂粉掩盖不去的淡淡苍白。

容若几乎按捺不住心中的狂潮，他自己都不曾发觉，炙热的泪水已经溢出了眼眶，凝聚着记忆的碎片，残酷地落了一地粉碎。如心有灵犀，回廊里不住前行的她，突然回眸，看见了僧人队伍中那张清俊熟稔的面容，一瞬间，惊疑，不可置信。欢喜，悲凉，凄楚，怨恨，聚拢成不息的河流。

自别后，他们是第一次这样接近，只隔着一道回廊，只隔着川流的人群，近得仿佛伸出手，就可以触摸彼此的指尖。

理智节节粉碎，纳兰跨出脚步，似乎要追逐而去。她向后退去，盈盈的双眸，再作无声的诀别。

她决然回头，不再频频回首，只随着队伍，渐渐消失在回廊的转角。这场梦，来得那样突兀，又去得那样匆匆，他险些反应不及，恍恍惚惚，只觉得一切都已经发生，或者，一切都未曾发生。停在空落落的原地，他甚至不明白，自己见到的，究竟是不是她，或许只是一个跟她一样怀着残缺不全的爱情，将自己埋葬在深宫的女子。

那些或天真或娇艳、或明快或沉静的女子，在被深宫锁住之前，都有着不一样的人生，然而，一入宫门深似海，过去绚烂的生命，在踏入深宫的那一刻，已被吞噬消亡。留下的，只是一群哭笑不由人的女子，在天地间最繁华和巍峨的地方，苍白着余下的生命，渐渐消磨成一缕孤魂。她们只能同化成一张脸孔，长亭望断春事了，时光长了，痛便也不痛了，泪，也不会再流了。

第三节 欲诉幽怀，转过回阑叩玉钗

容若不知道自己是怎么离开宫里，回到家中的。那场似真似假的重逢，宛如幻梦一场，深深嵌入他的记忆里，积年之后，他拂袖提笔，重现风月。

相逢不语，一朵芙蓉著秋雨。小晕红潮，斜溜鬟心只凤翘。

待将低唤，直为凝情恐人见。欲诉幽怀，转过回阑叩玉钗。

——纳兰容若　《减字木兰花》

他的回忆里，一直在下着雨。有人说，记忆是悲伤的，那么笼罩着记忆的结界也是暗淡的。重逢的记忆是痛苦的，也是欢喜的，喜忧参半的记忆，或许它的颜色是透明的，便如雨，淅淅沥沥地冲刷着血色的绝望，也终将是徒劳。

精细雕刻的回廊里，釉彩斑斓，凄厉又迷蒙，她未曾说话，只静静地站着，绝望而心灰意冷地凝视昔日的恋人，如同秋雨里的一朵素净芙蓉，芙蓉面，七窍玲珑心，华丽的凤尾步摇，在清风中轻轻晃动，敲击出冰冷的音响。他哽住了咽喉，想要呼喊出那个出现在梦呓中千百回的名字，近乡情却怯，他竟然无法发出一点声音。

那是一场噩梦吧，孤单绝望又无法呼救的噩梦。他的思念、深爱、追悔、怜惜都不曾说出口，她却决然地转身，消失在回廊间。阳光刺目，折射过玉钗的冷光，他的眼睛最后只留下这点微茫的清光，凝成他一抹痴痴的回望。

这是他在多年后，回忆当初，写下的诗句。伤痛，已不再那么刻骨，悲伤，也不再那么教人肝肠寸断；唯独情还真，意还切，他还始终记得他深爱过的女子，记得她最后那个凄凉的回眸。

如果时光能够倒流，一切能够重来。他想，他一定不会将深藏情意的诗，夹在书里给她，一定会抛却年少的懦弱，亲手递到她面前，索取一样深重的答案。那么，一切会不会不一样呢？纵使没有任何改变，却也少了一桩遗憾。

只可惜，所有的如果无非证明了今时此日的黯然悔恨，对于往昔，徒添一笔惆怅，却无法改变什么。这是人类的惯性，当有不如意，当遇上了难以解决的事情，往往便生出许多“如果”，仿佛那一点假设，能带来一点暖心的火，却不想，今夕何夕，一切都是前因结成今果，怨恨或追悔，都只能令心头继续苍凉斑驳。

康熙十五年，二十二岁的纳兰容若参加了殿试。岁月葱茏，流逝起来却毫不留情。雪梅离开容若也已三年。他曾说过，要背负着两人的梦想前行。上次殿试，因为病起沉疴，错过了，而这次，他绝不允许自己再任意错过了。

殿试的主考官是吴当世、宋德宜等人。自从《渌水亭杂识》刊印成书之后，纳兰容若的才名已是天下皆知，主考官也对他有所耳闻。改完试卷，阅其行文，不由心道：果然是一个有才情的年轻人，学问做得好，文章也写得极老练，思路章法，更在同龄人之上。放榜一出，成亲王府派人前去阅榜，纳兰容若的名字果然名列其中，中了二甲第七名进士。

虽然没能考中状元，然而这个成绩对于官宦子弟尤其是满族贵族人家的子弟来说，已是凤毛麟角。八旗子弟走科举之路的本来就不多，多数贵族子弟整日嬉戏，到一定时间也能凭借家族获得官职。容若的父亲明珠也未曾走过科举，亦是凭借贵族身份，成为大内侍卫，继而走上仕途。现如今，成亲王府出了一位真真正正靠自己走上仕途的公子，足以让京城名流艳羡好一阵子了。

未久，容若以功名授官御前三等侍卫。这是个正五品的官位，在满地贵官的京城，只是沧海一粟。然而这个官职虽然不大，却举足轻重，不仅肩负着保卫紫禁城的重任，而且朝中许多重臣，便是从这个职位开始，一步一步向上攀爬，容若的父亲，便是其中最为成功的一位。

或许，那时的容若亦是意气风发，当爱情成为遥不可及的幻梦，他开始用建功立业的梦想，填满悲伤的缝隙。成为像父亲那样备受倚重的股肱之臣，并摒弃父亲的一些缺点，是容若那时的梦想。乘着梦想的烛龙，他仿佛回到了百年前辽阔却悲壮的古战场，战争的血和壮丽，鼓荡了他的心。细读他此时的心境，大约也只有他自己能描摹静写：

堠雪翻鸦，河冰跃马，惊风吹度龙堆。阴燐夜泣，此景总堪悲。待向中宵起舞，无人处、那有村鸡。只应是，金笳暗拍，一样泪沾衣。

须知今古事，棋枰胜负，翻覆如斯。叹纷纷蛮触，回首成非。剩得几行青史，斜阳下、断碣残碑。年华共，混同江水，流去几时回。

——纳兰容若 《满庭芳》

这首词，同他的悼亡悲渺之作，又是不同光彩。如同一株双生花，花开葳蕤，一朵是清雅悲怆，一朵则苍凉辽阔。

冰冷的雪积聚在浩荡的原野，天空布满冷厉的孤寒，寒鸦掠过天际，乌黑的翅膀，扑扇开铁灰色的沉重。忽然，从天地交接的尽头，传来惊鬼泣神的马蹄声，由远及近，从耳膜的轻微鼓动，到整颗心的剧烈搏动，黑压压的马从凝结成冰的河流上一跃而过。遥遥地可想而知，在这个地方，曾经发生过多少慷慨激昂的故事，一将功成万骨枯，华丽的帝王业，总需要血和骨的堆积。

待向中宵起舞，这一句，用的典故是祖狄闻鸡起舞，意在容若也想要一展雄图之心。然而，在报国的理想之外，他的目光，看到了更多的东西。茫茫旷野，或许多年前也是一个晨钟暮鼓的安宁村庄，而那场令天地失色的战争，流逝了曾经的平静、人烟，甚至是嘹亮的鸡鸣。他听着一声声的胡笳，在荒凉的古战场，听到这样荒凉的乐声，使人长泪满衣襟。

最后，年轻的词人发出了这样的感叹：须知今古事，棋枰胜负，翻覆如斯。古来今往，胜负都是兵家常事，谁说得清楚，胜利就一定会眷顾着谁，失败的阴影就一直会萦绕在谁的心头呢？往事如水，回首都已成空，可以触及的，唯有一行行冷却的史书，枉然评定这胜负功过。

夕阳西回，照出一片血色，光影里的残碑浮动黄昏，依稀在诉说着过往雄风。然而，过往终究已经成了过往，它在梦魇里安然长眠，一如地下三千尺的幽咽冰泉，再也无法回到繁华的人间。

容若合上掌心，遥望着霞光似血的苍穹，因为是暮色时分，大朵大朵斑斓的锦绣浮在天地，仿佛在嘲笑世间庸碌。他的手，何尝抓住过什么吉光片影，然而此时的他，终究已不同于以往。可以肆意任性的童年里，他做了一个乖巧聪慧的孩子；可以放肆叛逆的年纪，他潜心读书，为梦想长出七彩羽翼；唯独在接近成年的岁月里，他想要任性放肆一回，这卑微的念头，却被无情扼杀。

而今，他已过弱冠之年，不再是一个少年人，他的身上，还背负着许多人的希望，也背负着深爱之人的梦想，他的行走，即使一步一荆棘，泥泞而沉重，却也是属于他，必须走完的人生路。

第四节 到而今，独伴梨花影

纳兰的大多数悼亡词，都是悼念后来红颜命薄的发妻。然而，在他众多悼亡词中，却有一首与众不同，那是悼亡雪梅的词。有人说，悼亡必须用在妻子的身上，雪梅并非容若的妻子，这样的词，不应叫作悼亡词。可还记得，在少年容若逐渐长成的过程中，他唯一认定过的妻子，还不是卢氏，而是那个青梅竹马，同他一起欢笑一同伤心一起添香研墨过的表妹雪梅。

青衫湿遍，凭伊慰我，忍便相忘。
半月前头扶病，剪刀声、犹在银缸。
忆生来、小胆怯空房。
到而今、独伴梨花影，冷冥冥、尽意凄凉。
愿指魂兮识路，教寻梦也回廊。

咫尺玉钩斜路，一般消受，蔓草残阳。

判把长眠滴醒，和清泪、搅入椒浆。

怕幽泉、还为我神伤。

道书生、薄命宜将息，再休耽、怨粉愁香。

料得重圆密誓，难禁寸裂柔肠。

——纳兰容若　《青衫湿遍·悼亡》

白居易曾在《琵琶行》里有过这样的句子：座中泣下谁最多，江州司马青衫湿。湿透了青衫的，并不是涔涔的汗，而是泣血的泪，濡湿了衣裳，几乎哭得要将心呕出。该是如何的悲恸，才能令一个人的眼泪，这样无尽地流着。因为多年来，一直携手行走在无边的暗色里，烦恼和悲伤都是她来给予安慰，这样的记忆，她如何舍得忘却？

前尘茫茫，鬼魅横行的幽冥开出了血色的曼珠沙华，其实并不是她愿意忘却，而是鬼蜮的火燃烧在眉心，吞噬了洁白柔弱的魂魄，结束了她一生无瑕的生命。那么，不能忘却的，便唯独是他。依稀是半个月前，还曾听闻她的消息，还仿佛听过她房中有剪刀的声音，窸窸窣窣地不知道在做荷包还是衣服。生死，却顷刻覆灭与断绝了他关于未来的美好幻想。

他不断地回忆起她的生平，其实她胆子小，平时一个人在房间都觉得害怕。如今随鬼差而去，阴阳殊途，参差不复相见，踏上幽冥鬼祟的绝路，幽囚在深深的黄泉下，又怎能不胆怯恐惧。不如将我一并带走罢，免得余下他，一人孤独地站在春深院落，任由梨花落满肩头，好不凄凉。

不能将他带走，那也好，那还请鬼差指路，引她在往生的路上，分一个岔路，来我的梦中，暂且相聚，别让她一个人，承受无尽的孤寒长夜。还是或许，她的魂魄就在我身侧，近在咫尺，呼吸着我的呼吸，悲伤着他的悲伤。像积年前，托着脸靠在我的身旁，浅笑如珠，指着青玉案上的书画，恣意飞扬。这个念头，他不能不伸出手去，想要握住虚空里冰冷的手。虚空里，只有簌簌的风声，掠过长草，吹散残阳的红。他终究，再也留不住谁。

如果用尽一切，他能将你从冥间唤醒，哪怕流干毕生的泪，纵使消减他漫长而寂寞的寿命——可他也害怕，当她的魂魄从幽幽地府轮回醒转，看见他如今的消瘦憔悴，依旧如在生前时，为她担忧烦恼，日日都有操不完的心。若他重生依旧如此琐碎而苦涩，倒不如干脆地了断今生，别再留恋他这身无长物的书生。

他深知她的性子，放不下，忘不了，总不能干干净净欢欢喜喜地去，她觉得还有许多事情没为他做过，即使她现在可以对他说一句话，大约是叫他莫再牵挂，他只是人世里的薄命人，而他应该多多珍重，将她忘记，切莫留恋尘香脂烟。这些话，他都能猜出，可这些事，却原谅他无法做到。与她错过，已是他今生铸成最大的错；而看着她在深宫里渐渐忧愁至死，他奈何不过这个世界，也奈何不了巍峨的紫禁城，更奈何不过残酷而强大的命运，他又怎么能够忘记她，忘记他们的一切，独自逍遥地活着，享受她从未获得过的自由？

她也请别忘记他。安心地走过奈何桥，去下一个轮回等待他的魂魄。我会带着记号，来寻找下一世的你，重新缔结你我的盟约。

或许，那是容若诗意而悲凉的生命里，第一次与死亡相逢。残酷的命运，并未放过那可怜的女子，在她入宫之后，很快染上了重病，极快地死去，无声地凋谢在每一天都有新的死亡的宫廷里。她的死，同其他如花女子的逝去并没有什么区别，唯一不同的是，她曾爱过容若，而容若也深爱过她。

他怀着彻骨的痛，写下了这首悼亡词。她的特殊身份，令他即使在词中，也避讳甚多，以至许多人误以为这也是写给卢氏的悼亡词。然而，还是有一些细节，证明这是一首非同寻常的悼亡词。

词作中的“玉勾斜”在扬州，唐代的李夷简镇守扬州，为观赏新月如钩，特意修筑了一座亭子，取名“玉勾亭”。还有一位文豪写了一篇《玉勾亭记》，后来，岁月变迁，亭子更名为玉勾斜，素来常为文人所吟咏。容若自己，也曾有过引用玉勾斜的词作。卢氏是他的发妻，葬于纳兰一族的京郊祖坟地，如何会去千里之外的扬州。或许，纳兰是借着地理上的遥不可及，诉说着他与雪梅因皇权而离散，纵使近在咫尺，亦是相见不能相识的悲凉。

最后一句：料得重圆密誓，难禁寸裂柔肠，也有出处，是说一个“破镜重圆”的典故，破镜重圆的夫妇一般是因强权而被迫分离，容若和卢氏，是因生死而相隔的，不若和雪梅，是因为不可阻挡的外力，因此劳燕分飞。因而，这首悼亡词，应该是写给早逝的表妹，而非结发妻子。

或者，直至此刻，这段年少时真挚美好的爱情，才彻底画上了句号。她彻底从他的生命里消散退出，以死亡这种决然无悔的方式，结束了这段刻骨铭心的爱。

容若终于明白，今生今世，他们再也不可能相见，唯有来生，或许能够补偿这份爱。造化总爱叫相爱的情侣，在各种各样的情节里分崩离析，宛如流星告别天幕，宛如蝴蝶告别花蕊。三百余年匆匆滑落，历史在人类世界里充当正义的无言过客，尘埃或惊雷，也撕不开他脸上那层淡然。

他路过高原，走过山川，蹚过河流，每一个深深步履后，都是一座坟茔，庄重而伶仃，直至荒草淹没，时光的开合，才重新允许一段新生。只愿，容若的新生，不再有分离，也不再有断肠。

第四章

媒妁·姻缘·洛神

第一节 分明千点泪，贮作玉壶冰

绿叶成阴春尽也，守宫偏护星星。留将颜色慰多情。分明千点泪，贮作玉壶冰。

独卧文园方病渴，强拈红豆酬卿。感卿珍重报流莺。惜花须自爱，休只为花疼。

——纳兰容若　《临江仙·谢饷樱桃》

寥寥数语，淡淡几笔，便隐藏了千种情绪，万般思量。纳兰容若显然是这种游戏中的圣手，凭借一册《饮水词》，便在这个诗的国度，永远地占据了一席之地。

其实这首《临江仙·谢饷樱桃》，在容若众多流光溢彩的词作里，知名度并比不上其他词作，然而，一句“分明千点泪，贮作玉壶冰”，依旧从中脱颖而

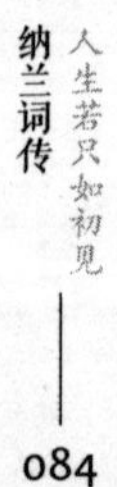

出，令人念念难忘。

不论是咏史，抑或是咏物，容若的词总像是偏离了传统，沾染上几许惆怅，几点凄凉，几段愁肠，于是，独特的自我风格犹自生成——这是文人被深刻铭记的最大理由，若是千篇一律，又何必记得？人间从不缺乏平凡，唯独风格叫人追寻跌宕。

朋友给病中的容若送来了新鲜的樱桃，感念友人盛情，病榻上的容若拿起了久违的笔，研起了新墨，铺陈雪白的纸。“绿叶成阴春尽也，守宫偏护星星”，说的是春事花尽，绿意成荫，掩盖了星星点点的樱桃。守宫，即是守宫槐，民间还有一个名字，叫马缨花，是家门里寻常见的树，《御览》引晋儒林祭酒杜行斋说：“在朗陵县南，有一树，似槐，叶昼聚合相著，夜则舒布而守宫也。”

“留将颜色慰多情。分明千点泪，贮作玉壶冰。”则是指朋友虽然因事羁绊，不曾前来，却留下了颜色鲜艳的樱桃，那分明是千里之外送来的泪水，却在入口那一刻，化作了醇厚美妙的酒。

下阕又道：此时此刻，我因病卧榻，不论是身体还是仕途都失意至极，幸好还有卿记得我，感念此情，纵使近日来胃口不尽如人意，也要将你送来的樱桃食用。黄莺流莺，花褪春残，感谢卿对你我友情的珍之重之，也请善自珍重，怜惜花开时须自爱，然而花落凋残，亦无须悲伤遣怀。

或许是因为容若此生每一次的爱情，都不曾顺遂，因此，在他的词作中，仿佛我们看到的，更多的是一个为情所困情深如海的容若，仿佛爱情在他的生命中，是永恒的主题。实际上，容若多情，不只是爱情，也有友情。他是一位细腻敏感的诗人，任何细微的种子，都能在他心中发芽开花。旁人有情赠之，必将十倍相报，这便是容若于情上的信念。

撷取尘世之海里，最纯净的善意，忘却人生之路上，点点滴滴的坎坷。这或许是容若三十一载短暂生命里，给予后世最大的启示。其实以诚待人并不难，难的是毕生都在做一个自诚的人。

纳兰容若，一个谜一样的男子，家世显赫，风流倜傥，文武双全，轻取功名，却完成了这个鲜少有人做到的人生命题。

这是他的瑰丽，亦是他的劫难。也许正是因为他至情至诚的禀赋，所以渴望美好超然的爱情，这注定了他情感心路的梦魇。他生来就占尽了一个男子该有的好，终生却为情所累。

他渴望能和心爱的人过上双宿双飞、温馨幸福的生活。金玉富贵也罢，寻常平淡也好，总之，能与她相伴就好。然而在那个父母之命、媒妁之言的时代，他最初的愿望却落空，他与表妹青梅竹马的爱恋“不成双梦影”。所有的美好的期盼都终成泡影，他不得不面对的，是“烛花摇影、冷透疏衾”的孤眠之夜。在他心爱的表妹走后，纳兰性德只能无奈地听从父母给他安排的一桩婚姻。看着灯花明明灭灭，上演新的人生故事。

那一年，纳兰容若十七岁，他的表妹刚刚进宫不久，还好，仕途的顺遂，让他重振了勇气。他入太学，学习非常刻苦，国子监祭酒徐文元也十分赏识他，后来还推荐给其兄内阁学士，礼部侍郎徐乾学。他的仕途，又站在了新的起点。

此时，他的父亲纳兰明珠在官场上正平步青云，扶摇直上。作为纳兰明珠之子的容若，便成了众星捧月的追捧对象。而此时风流倜傥的容若，正值适婚年龄，因此联姻是最好的选择。而父母也周到地在众多的女子中为他挑选了妻子，为他和卢氏定下了一桩婚姻。

对于这桩婚事的安排，容若只是轻轻地点点头。缘分来去，是一种命运，他已然顺服。点头之间，他的生命里，便又被栽种了一颗种子。

卢氏“生而婉娈，性本端庄”，而他的父亲又是当时的两广总督，与纳兰家可谓是门当户对。

纳兰容若的婚事，在京城里传得沸沸扬扬，成了街头巷尾热议的话题。

那一日，纳兰信步游走于街市，一处远离闹世的府院吸引了他的目光。忽而，院中传来一阵欢笑。正要离去时，听闻了秋水轩唱和一词，心中便起了兴致，因为这也正是当时火热进行的文坛盛事。

一道温柔的声音频频出现，像黄鹂婉转的歌声，悄悄地涌入容若的心房。一瞬间，在他的心中种下了一颗温柔的种子，只等微风细雨拂过，催发一段柔情。

素来喜爱诗词的容若循声望去，只一眼，便被摄去了心魂。那是一个恬静美好的女子，未施脂粉，头戴粉荷，有一种宁静出尘的美丽。风儿吹过，卷起她的裙角，她的裙摆像院子里的花朵一般舞动。一群蝶儿在她的裙边起舞。容若痴痴地要伸手去捧蝶，却忽然意识到自己的举动惊扰到了谈笑的少女。为了化解尴尬，他以交流诗词为由，加入了讨论。

其中有人提议用眼前之境为题，赋诗一首。而此时在容若眼前的，最打动他的心扉的，正是这眼前如花的少女。少女们用期待的眼神，等待着容若的词作，唯有刚刚那女子低头颔首，静谧地绽放在一角。

思考良久，容若赋词一首。

疏影临书卷。带霜华，高高下下，粉脂都遣。别是幽情嫌妩媚，红烛啼痕都泫。趁皓月、光浮冰茧。恰与花神供写照，任泼来、淡墨无深浅。持素障，夜中展。

残釭掩过看愈显。相对处，芙蓉玉绽，鹤翎银扁。但得白衣时慰藉，一任浮云苍犬。尘土隔、软红偷免。帘幕西风人不寐，恁清光、肯惜鹴裘曲。休便把，落英剪。

——纳兰容若 《贺新凉》

一首词作念诵后，周围一片安静。半晌，纳兰才解释道咏的是那株白梅花。众人不解，百花竞放，他为何偏偏吟咏这枯朽的梅花。而答案，早已绽放在他的心中。

旧的疑惑还未散去，忽而，又有人问："你，你不会就是明珠大人府上的成德公子吧？"

纳兰没有回答，只是施了礼数，静静离去。他的目光掠过那白衣女子，投注几分欣悦，却终究是没有勇气直视。

他信步走了回府中，与纳兰公子的命运交接，走向一种宿命。就这样，在一个平凡的日子里，命运为他的人生埋下了一个美丽的伏笔。

第二节 茫茫碧落，天上人间情一诺

甜咸向来是食客必争之题，每年端午总要闹一场甜粽咸粽风波。这两种味道，如何在香甜美味的甜品里共存？其实答案很简单，因为那一点咸，偏偏可以衬托烘出那一抹甜，因为有咸的交织，甜的味道反而更加清醇。

就像有苦涩的存在，甜蜜的回忆，更激起心的向往与沉溺。人就是这样奇怪的生物，一味沉浸于蜜罐，反而觉得腻，如果有一点沧桑斑驳，才得知原先的幸福有多美好。反之亦然。

烛花摇影，冷透疏衾刚欲醒。待不思量，不许孤眠不断肠。

茫茫碧落，天上人间情一诺。银汉难通，稳耐风波愿始从。

——纳兰容若　《减字木兰花》

在容若的词作里，多是悲伤凄惘的字迹，叫人心头沉沉，洇开一滴泪，颤动不已。满目凄凉里，忽然掠过一丝欢喜，那若有若无的甜，却愈发动人。“烛花摇影，冷透疏衾刚欲醒”，便是夹杂在纳兰词里极难得的一抹甜，隔着三百年的沧海桑田，也仿若能看到当初那个少年，鸾凤红烛下，唇边罕见的淡淡笑意。

他已多久没这样简单纯粹地笑过了？久到自己都模糊了记忆。或许是病中忍痛不言那一刻，或许更久远一些，在表妹被禁入深宫那一刻。新婚之夜，纵使他的心还来不及转身，开始一段新的爱情，敏感温柔的心里未尝也生出一些关于“千里姻缘一线牵”的怜惜。

整首诗却是伤入冷骨的。这亦是一首悼亡词，写于发妻卢氏逝世之后。那时的容若，从深爱到死别，从伤口愈合到再度撕裂，当年翩然如玉的少年，已清减得憔悴不堪。

多少个黯然清冷的暗夜，他痴痴地回想凤冠霞帔那一瞬，光华如清辉流转，所有的奇珍异宝都相形见绌。回忆了了，冷气入侵，单薄的被子承载不住偌大的寒。不思量，自难忘，他带着尘世里难以负荷的孤单，断肠如鸩毒，不死便不尽。红罗帐中，玉枕原是成双，踩着岁月的年轮，却只剩下了寂寞的形只影单。

生死茫茫，上穷碧落下黄泉。她的魂魄洁白如雪，黄泉幽暗，再艳丽的火焰也驱散不去她的洁净，只有碧落，才是她的归宿。海誓山盟依旧，纵使在清辉潋滟的碧落之中，她也应记得他说过的话，发过的誓言，他一向重诺，必有践约，踏着星河从无消绝的白练，越过生与死的界限，重觅回那旧时的音容。

一个是青年才俊，一个是温婉女子，这样一段天造地设的姻缘，在别人期许的眼中缔结。带着遗憾与憧憬，容若顺从了命运的安排，走入了婚姻的殿堂，迎娶了卢氏。

一场盛大的婚礼的背后，是一对陌生的人，一双忐忑的心。纳兰家的庭院里锣鼓喧天，四处张灯结彩，一片明艳与喜庆。

时间拖着热闹的气氛，缓缓地走过容若生命中这个特殊的日子。夜幕降临，过滤掉一整日的喧哗，所有恭贺、欢笑、喝彩……都渐渐收尾，只留下一片无边的安宁。

新婚之夜，这对夫妇静坐在房中，他们可以辨听到对方的心跳声，紧张的两个人，甚至未细细打量过对方的面容。

辗转一夜，转而天明。容若醒来时，妻子已经不在身边。他起身，推开朱漆的木窗，向远处眺望，清晨的雾还未散去，把远处的山，晕染成浓重的黛色。眼前的景致醉了容若的眼，迷惑了容若的心。他心想，这真像一幅水墨画。

“真像一幅水墨画。”正待容若心驰神往时，一道温柔的声音，自院子里传来。

究竟是谁说中了他的心思？容若带着好奇，循声望去。他望见院子里的梨树下，一个身着红衣的女子。他感叹，那不正是他的新娘吗！

此时的她，回过头来，一瞬间，四目相对，已是无言。

百年修得同船渡，千年修得共枕眠。缔结为夫妇，本来就是难得的缘分。

而此时，她俨然已为画中人。容若欣赏着她，像阅读一首唯美的诗词，他一字一句地品着她，像是在追寻她的过往，探寻她的未来。往昔不可追，未来却可以得到他们的共同创造。她可愿，携手并行，踏碎消融积雪，来转承启合一颗伤痕累累的心？

她忽然莞尔，面若桃花。说道："原来是你。"一道柔婉的声音，敲醒了记忆的片段。命运埋下的伏笔，终于有了新的美好篇章。

容若笑了，是，是我。这一问一答间，开启了一段浓浓的爱恋。所有过往的遗憾，如今都得到了完满的报偿。如果所有的磨难，都是为了拥有更好的明天，那么谁都对往昔斑驳的伤害甘之如饴。心想，原来上天也是公平的，为你敲开了潘多拉的魔盒，也为你留下了坚如磐石的希望。

"此恨何时已？"拨灯书尽红笺处，走来娉婷的卢氏女。许是命运眷顾，让他在这样一场封建的婚姻中遇到幸福，他的爱妻卢氏聪明贤淑、温婉善良，情深义重，成了他的无双伴侣，契合了他爱与文学上的双重渴望。夫妻二人琴瑟和谐，甘如饴蜜。

那般岁月，安稳静好。纵使他仍旧会在时间的拐角，想起那个锁在宫墙深院的表妹。但是他的心中，依旧是深爱着卢氏，珍惜着她的好。可是，谁曾想，他怀揣着一颗真心却守不住一段真情。幸福的时光就像烟花一般，在他的生命中绚丽地绽放过，又转而寂灭了。

一生的红颜知己，百年的挚爱相随，冷酷的命运之神，给了他短短三年的幸福，就残忍地收回，任“清泪尽，纸灰起”，妻子卢氏绝尘而去，纳兰性德再次经历了与爱人的“生死两茫茫”。

他满腹酸楚，悲痛欲绝更是无处排遣，便把无尽凄苦倾诉于笔端，泪痕总比墨痕浓，那美丽的文字便承载了他更多的生命内容。

他的深情，成了佳话，却也成了他一生忧郁的根源。当爱人成了眼前幻灭的倩影，他只得在黄叶在萧瑟飘落之时，孤独地伫立在残阳中沉思往事，哀悼爱妻。惆怅惘然的愁结，盈满心怀。那些从前平常的往事，成了纳兰美好的回忆。

一段人生，几轮浓情，终是被这世事吹散，只将那无尽的相思和感叹，留与人间。这是属于纳兰的，极致的、唯美的哀伤，如杨花，片片是清愁；如细雨，点点是离人泪。

有人说纳兰不是凡人，却误坠了凡尘的劫。不是人间富贵花，却偏偏生在人间富贵家，他生长在富贵，却是个至情至性的痴情之人。

只叹那些美好的故事，都只停留于最初的渴望，却没有走进他真实的生命。就如同纳兰与表妹最初的欢好，就如同纳兰和他的爱妻浓情的起初。若一切都如最初所愿般美好，他们的人生也就不会尝尽苦涩味道，也就不会经历后来刻骨的悲愁。

若时空可以停滞，流光可以定格，容若必会情愿将所有的时间推开，只停留在容若掀开锦绣盖头的那一刻。那时，他是新婚的诗人，她是满怀期待的女子，他们都期待着撇开从前或烦忧或欢喜的昔日，一起走过一段静好岁月，直至携手白头。

第三节 看尽一帘红雨，为谁亲系花铃

东风乍起，拂开尘世春光。都说春光易逝，美梦难长，看来果真是如此。美妙的音乐和歌声，都无法撩动寂寞的心绪，就像随着春的逝去，也逝去了满腔鲜活的欲望。怅望着雨中湿透的花痕，点点纷纷，一逝而过的光，如同满月之夜里星星的眼泪，唯有情深如执念的蝶萦绕飞舞，似是来践生死不离的约定，直至也像花一样残败涂地。

蜀弦秦柱不关情，尽日掩云屏。已惜轻翎褪粉，更嫌弱絮为萍。

东风多事，余寒吹散，烘暖微酲。看尽一帘红雨，为谁亲系花铃。

——纳兰容若 《朝中措》

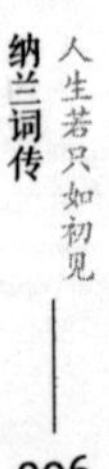

这一出爱情的悲剧，柔软静美的柳树是唯一的看客，她无声地停泊在多少女子捣衣而过的水边，默默地飘落白色的泪，刹那望去，只觉得是无边无际的浮萍，羸弱地随风而逝，随水而纵。

冷漠是东风，多情亦是东风，残春的余寒如清淡的烟雾，无声无息地在艳阳下消散。天地之间，亦仿佛因此而清暖四溢，行走在匆忙人流间的旅人，也觉得微汗略湿青衫，眉眼绯红，宛如酒后微醺，其实却是被熏风沉醉。

词到此处，已是令人忽悲忽喜，跌宕不能自已。最后一句如神来之笔，俏生生地浅唱低吟：看尽一帘红雨，为谁亲系花铃。零落的花瓣纷纷扬扬，飘洒在天地的各个角落。渔舟唱晚，玉轮浅回，声色犬马里，又是为了谁伸出温柔指尖，亲身系上护花铃。这一句如一回眸，笔墨一出，惊艳流转在四下春风里，叫好了一堂墨客，雀跃了一城欢颜。

花铃，亦是护花铃。五代王仁裕在《开元天宝遗事·花上金铃》中有这样的记载："唐玄宗天宝初，宁王日侍，好音乐，无流蕴藉，诸王弗如也。至春时于后园中纫红丝为绳，密缀金铃，系于花梢之上。每每有鸟鹊翔集，则令园吏制铃索以惊之，盖惜花之故也。"当年落笔的诗人，心念一动，是想护住那一朵羸弱的娇花？抑或是想成为谁的护花使者，温柔呵护，无微不至？

一直固执地以为，这首词应该写于一个明媚的午后。春风吹开了鲜花，浮云送来了蔚蓝，新婚燕尔的小夫妻，午后慵懒醒来，对镜理红妆。原本执笔的手，却正温柔画眉，俯首两弯新月如钩。庭前，花落如雨，只觉是良辰好景。

这样清丽的词句，仿佛便是那样温暖融融的场景中酝酿出的梨花酒，一点清淡的甜，点化在齿如编贝的舌尖上，怒放出千万朵花颜。虽然是伤春，却也觉得春天之后还有盛夏，希望在即，受伤的心，也能有痊愈的时光。

新婚的时光是一首晶莹剔透的小诗。他们都不是聒噪的人，安安静静地，写诗或看书，就能度过一日的光阴。

平平淡淡，却也觉得静谧美好。晨起，一同携手去问候高堂，卢氏心灵且手巧，虽然是大家闺秀，却从不自矜高傲，有时兴起，也会亲自下厨，为夫君和婆婆洗手做羹汤。空暇时分虽然不多，浮生偷得半日闲时，两人也会说说话，弹弹琴，话题是说不完的，共同的爱好和长期培养的情趣，令他们倾盖如故。

有时，他去国子监，去书阁苦读，归来时亦是三更清露长，但房中的灯光她总会为他留着一盏，淡淡的，驱开一路雾霾，暖了心，也长了情。

容若心想，莫不是这就是书中所说的“琴瑟和鸣”？心动的同时，却也有一丝淡淡的痛意，随着西风，冷了眉梢。传说，宋代女词人李清照才高而貌美，出身高贵却平易近人。年方二九，嫁给了丞相家的公子赵明诚。这桩以门第而缔结的婚约，并不如当时许多因利益而结合的婚姻那样不堪。他们在婚前甚至不曾相见，却在婚后成了极为难得的恩爱夫妻。

那是因为有着相似的兴趣，也有着对彼此的温柔尊重。婚姻是一门艺术，而他们将这门艺术拓展到了极致。新婚时，赵明诚还只是一介太学生，没有俸禄收入，夫妻两人身处高门大户，过得自然是锦衣玉食的生活，但依旧囊中羞涩。他们酷爱金石书画，仅仅是这一项，就足够令他们耗费了所有节余。甚至有时赵明诚看到了挚爱的书画，却因手头紧无力购买，便脱下衣物相换，回到家中，李清照也不会嘲笑指责，偶然闺中玩笑，相视而莞尔。

这清贫寡淡的生活，却是夫妻二人人生中，最璀璨的时光。灯前对座，细细观摩丈夫新购回的金石，你一言我一语，暖玉添香，情生意动。“卖花担上，买得一枝春欲放。泪染轻匀，犹带彤霞晓露痕。怕郎猜道，奴面不如花面好。云鬓斜簪，徒要教郎比并看。”相爱的喜悦是无法掩盖的，于是有人打趣说，爱情是女人最好的化妆品。时光行走千年，沉浸在爱情里的女子，却是一样的容光焕发。李清照如是，而卢氏，亦是。

许多人认为，卢氏一开始，是不被容若爱着的。那时的诗人，还不曾忘却回廊下含泪决然而去的女子。容若对雪梅的爱，是他有史以来第一次动情，不论是什么原因，对于不染尘埃的爱情，他始终爱得纯粹，爱得磊落，爱得执着。在时间早晚和长短间，卢氏便已经输了。

当容若和表妹闲敲灯花醉敲窗时，她之于容若的生命，还是一介陌生人，或只是一个陌生且被抗拒的符号。或许容若知道，自己有一个未婚妻，是两广总督卢兴祖家的小姐，卢氏雨蝉。可除了这些，他知道些什么呢？他也无心去了解，那颗年轻的心，早已沉浸在青涩而甜蜜的爱情里。名义上的未婚妻，仅仅只是名义上的。她走入容若的生命，仿佛已是迟了。

他不再是怀着赤诚爱恋，用单纯剔透的心等待着她的少年。他们在人世间流连，注定要一同经历一段可歌可泣的爱情，却在一开始，就站在了不够平等的位置——他甚至在最初，并没有多余的心来分给自己的妻子，哪怕她是纯洁的，无辜的。多年来心无旁骛的等待，换来的却是他的无奈，卢氏却温柔地一笑而过。

君生我未生，我生君已老。爱情是一场不期而遇的相逢，谁都无法预料，自己终究会爱上一个怎样的人。美貌或丑陋，善良或冷厉，富贵或清贫，苍老或年幼。生于富贵中的卢氏自小就明白，自己无法选择爱情，也无法选择婚姻，她所能做的，就是尽力爱上自己未来的夫君。能够成为容若的妻子，她已觉得幸运。

相对于那时层出不穷的婚姻悲剧，卢氏确实亦是命运所青睐的幸运儿。因为同样高贵的出身，注定他们之间没有门第的隔阂，不存在高攀或低嫁的不对等。何况，他们年纪相仿，他又是名晓九州的才子，能够嫁给纳兰容若，是当时多少闺中少女，痴痴念念的梦想。是她三生有幸，能够遇上他，成为他的妻子。至于他还不够爱她，或者是在她之前，他曾深爱过谁，那又有什么关系呢？重要的是，此时此刻，陪伴在他身侧，添衣燃香的，不是别人，而是自己啊！

她是那样单纯固执地相信着，在不久的未来，他们会如同每一对相爱而质朴的夫妻，在柴米油盐酱醋茶的琐碎里，盈满红尘中的每一分感动，厮守至白头。

第四节

凭君料理花间课，莫负当初我

为人如纳兰容若，一生坦荡如朗月清风，至情至性。出身满族富贵，却从不自矜于身份；身居五品官职，玉树临风，万花丛中却片叶不沾身，不论是人品抑或才华，都堪称是翩翩浊世佳公子。如斯公子，当情人太凄惘，因为他专情不移，轻易不会爱上谁；当朋友，却是再好不过。

凭君料理花间课，莫负当初我。
眼看鸡犬上天梯，黄九自招秦七共泥犁。
瘦狂那似痴肥好，判任痴肥笑。
笑他多病与长贫，不及诸公衮衮向风尘。

——纳兰容若　《虞美人》

容若写爱情的词，情深连绵，像是用尽力气也祈愿着飞过沧海的蝴蝶，单薄，寂寞，却不能不令人潸然泪下。而他写个朋友的词，却口气稳重，如一位白发如霜、嶙峋如骨的老人，干脆利落，隐隐约约带着几分狂傲潇洒。容不得我们要试想，在爱人面前温柔缠绵的容若，和在朋友面前自信明快的容若，究竟哪一个才是更真实的纳兰容若呢?

我们总习惯用定向思维去看待他，觉得他的词哀怨至极，伤心至极，便觉得他是一个憔悴寂寞的人，或许在背灯和月就花荫时，他也曾痛痛快快酣畅淋漓地同朋友把酒言欢，醉笑三万场。

只因公子满心爱慕汉家文化，他的朋友中，倒有许多汉人。朱尊彝、陈维崧、姜宸英……皆是一时才俊，亦是汉学集大成者。而在这些朋友之中，相交最深的，或许便是江南名士顾贞观了。这首《虞美人》，原题中有“为梁汾赋”字样，顾贞观，字远平，号梁汾，江苏无锡人。显而易见，这是一首赠友人的词作。而这个能够令纳兰容若亲手相赠诗词的朋友，不是别人，正是和容若并称的清代文人顾贞观。

这位顾先生，说来也算是一代才子。他出身清流门第，曾祖为顾宪成，是晚明东林学派的领袖人物，祖父曾出任四川夔州知府，父亲顾枢，亦是当时身负才名的名士。顾贞观家学渊源，且聪颖好书，自幼便有才名，工诗文，善辞赋。康熙五年，中举，擢秘书院典籍。期间与明珠长子纳兰容若相交，感情甚笃。康熙二十三年，告老致仕。时年，距容若染病身故，已有十余年。他们相差十九岁，几乎是两代人，三岁一个代沟，六个代沟也不能令这场友谊有所失色。

纳兰容若与顾贞观，一位是满洲贵族，一位是汉家才子，身份上的差距，未曾令他们的友情有所却步。他们的相交，一时传为佳话，距今亦无所失色。容若病故后，归田的顾贞观晚年致力于整理故友遗作，最终整理出《侧帽》集。有友如此，想必九泉深处的容若，必然颔首微笑。

他们相识的最初，是典型的因诗会友。

有时候，很羡慕古人的这点，他们造就了如斯灿烂的中华文化，翻覆了五千年的华表云烟，却有时单纯如孩童，笃信字如其人，人如其文。因为一首诗或一篇文章，便留下一段千古传诵的友谊佳话，生死均可以交付，就连身后事也坦然相托。纳兰容若与顾贞观，便是这样一对可以生死交付的知交。

他们结识于一场牢狱之灾。顾贞观有一位好友，名叫吴兆骞，此人才高八斗，生性狂傲，因此得罪了不少名流权贵。他的"狂"，是实打实的，一次筵席间，他遇见名士汪钝翁，竟然狂言道：江东无我，卿当独秀。如若江东没有我吴兆骞，那你汪钝翁便是数一数二的了。狂倒如斯地步，是很难不为人所嫉恨的。吴兆骞虽然个性飞扬，当朋友却是一位真朋友。因此，顾贞观和他的私交极好。

清代发生过好些科场案，有一些是确凿无疑的，有些却是无中生有，借题发挥。而顺治年间，震惊朝野的“南闱科场案”，便是其中一例。

顺治十四年，一位官员凭落第士子们的道听途说，向顺治皇帝参奏，举人方章钺与主考大人是“联宗”关系，理应回避，然而他们并未回避，也并未上禀。皇帝闻奏后下旨，正副主考一并革职，并抓来考生方章钺严刑拷问。

实际上，方家并未同主考官有过联宗关系，奈何圣旨已下，一切已成定局，皇帝不可能诏告天下，说是自己误信传言，导致朝野动乱。因此朝廷上下一口咬定，两家确实联宗。

最后，所有的考官全部绞斩，家产没收，妻子儿女全部沦为奴隶；考取的八个考生每人均狠打四十大板，没收家产；这群考生连同他们的父母、兄弟、妻子全部流放到宁古塔。在这桩冤案中，吴兆骞受人诬陷，牵连其中，含冤入狱，亦被流放宁古塔。

好友顾贞观为此连日奔走，无奈人微言轻。在偌大的皇权之前，他们都只是一抹随意碾压的魂魄，卑微如蝼蚁，有谁能听见他的呼喊？吴兆骞的冤枉，不是第一桩，也绝不会是最后一桩。顾贞观又何尝不明白这个道理？悲痛忧愤之下，他愤然写下两阙《金缕曲》：

季子平安否？便归来，平生万事，那堪回首。行路悠悠谁慰藉，母老家贫子幼。记不起、从前杯酒。魑魅搏人应见惯，总输他、覆雨翻云手。冰与雪，周旋久。泪痕莫滴牛衣透，数天涯，依然骨肉，几家能够？

比似红颜多命薄，更不如今还有。只绝塞、苦寒难受。廿载包胥承一诺，盼乌头马角终相救。置此札，君怀袖。我亦飘零久。十年来，深恩负尽，死生师友。宿昔齐名非忝窃，试看杜陵消瘦，曾不减、夜郎潺愁。薄命长辞知己别，问人生、到此凄凉否？

千万恨，为君剖。兄生辛未吾丁丑，共些时，冰霜摧折，早衰蒲柳。词赋从今须少作，留取心魂相守。但愿得、河清人寿。归日急翻行戍稿，把空名料理传身后。言不尽，观顿首。

这两首满怀悲愤伤心之词一时传遍京城，当时年纪尚轻的容若，也读到了这两阕词。他为词中的慨然悲凉所感染，读书人虽手无缚鸡之力，却有的是一腔热血，和铮铮傲骨。

顾贞观是一介白丁，手中无权，以词发愤，是情理之中。那么自己身处权贵高门，若是路见不平，亦不敢伸手过问，这难道便是圣贤书所传授教导的为人处世之道吗？他不仅出于义愤，也深深地为顾贞观和吴兆骞两人之间足以生死相许的友情所感动，死有轻于鸿毛，兄友之情，原来也可以重于泰山。

少年毅然而起，恳求父亲伸出援手，帮一帮困顿之中的吴兆骞和顾贞观。或许是长子清正的胸骨震惊了明珠，又或许是顾贞观的慷慨意气感动了这位权倾朝野的名相，在长子执着不休的请求下，他终于允诺，在五年之内，必定生还吴兆骞。

果然，康熙二十年，吴兆骞离开偏僻苦寒的宁古塔，风霜满面地回到了京城。虽然他归来已是萧索鬓白的残暮之人，但若非是明珠父子的有意相助，他此生未尝能回到故乡，或许便病死他乡，尸骨无归。二十三，这样一个轻飘飘的数字，在短暂的人生中，却是那样沉重。人生，至多也不过百年时光，二十三年已足够青春少艾的年轻人步入中年，也足够年富力强的中年人变成花甲衰弱的白发。二十三年的苦难，犹如冷厉的刀，深深磨平了吴兆骞的心高气傲，留存下来的，唯余满腹才华。

望着暮年的朋友憔悴不堪，顾贞观与纳兰容若都是感慨万千。吴兆骞心里，看着已非昨日模样的京城，看着两位为自己多年奔走的友人，抑制不住老泪纵横。他未想，自己年轻轻狂，孤傲之下还能有顾贞观这般不惜奔走数十年的旧友，还有纳兰容若这样正直善良的小友，虽然他们还不曾见过面，他却早在还在宁古塔时，就勾勒过他的模样，他应该是一个俊秀而坚持的年轻人，今日一见，果然是如此。

这些年间，容若和顾贞观已成为好友。他们皆是才华横溢之人，性情相投，于诗文的领悟上，更像是一对同胞兄弟。自古来，词的地位不如诗，时人喜爱词虽多，敢直言不讳的却还是罕见。出身满族权贵之家的容若却敢大胆直言，他钟情于词，他也要立志以填词度此生。

难得的是，顾贞观的态度和容若是一样的，他们都不拘泥于尘世枷锁，视人间教条如无物，放纵不羁，醉卧高歌。有了这样一位赤诚的朋友，是容若短暂生命里的一缕阳光、一坛美酒。

怪乎他在赠与顾贞观的《虞美人》中肆意笑骂：幸好此生有你，同我一起作“花间词”，人间汲汲庸碌魂灵，他们能够登天梯入仙境有如何，清冷高贵的天宫未必快活至极？还不如你我，相知相交，纵使身处地狱幽冥，有故友相伴，何尝不是一场酣梦？瘦也好，肥也罢；狂也好，痴也罢；失意也好，得意也罢，人生无非是行走在夹道里的一场幻境，他们愿意青云直上的便自请亨通，而我们，自有一番自在天地。

后来，纳兰容若、顾贞观、吴兆骞三人，就成了知交相许的好友。有情有时候或许就是如此，经历过漠海霜雪，最终才沉淀如金。他们时常相聚一堂，时而饮酒话诗词；时而高歌长笑；时而放纵情怀挥墨如雨。和知心朋友在一起的时光，过得快且从容，纵使闲叙几句家常，也觉得分外惬意，那是一种只有朋友才懂的惬意。

只是，好景不长，苍天难容人长久。回到京城不过几年，吴兆骞便病重卧床。多年的塞外生活，早已耗干了他的心血，或许是圆他一个梦，让他在人生最后的时光可以再度归来。能有这样的欢聚，能在朋友相伴下走完这一生，是曾经的他想都不敢想的事情。此生有友如此，善哉，善哉！未久，吴兆骞逝于京城，顾贞观和纳兰容若听闻挚友讣告，不由潸然泪下。他曾一去二十三年，此去，或许只有在黄泉碧海之下，才能相见了。

明朝匹马相思处，知隔千山与万山。容若曾于笔下，满怀怅然地追忆着逝去的故人。其实何止千山，何止万山，却都是那样沉重，重到心口有话，亦无法吐露半个字。幸而还有顾梁汾，还有一些同道好友，不至于寂寞到极处，伤心到绝望。

第五章

别去·花落·梦残

第一节 纱碧如烟，烟里玲珑月

轻轻拂去青衫上的尘埃，推开一庭碧色欲流的深院，小楼静静伫立，灯火独明。清冷的晨露凝结着枕畔的相思，滚落在寂寞的华庭，在深无边际的孤寒里，蝉声一阵接着一阵，如同一首古老而漫长的歌谣，传唱着永不停息的爱慕。

露下庭柯蝉响歇。纱碧如烟，烟里玲珑月。并著香肩无可说，樱桃暗解丁香结。

笑卷轻衫鱼子缬。试扑流萤，惊起双栖蝶。瘦断玉腰沾粉叶，人生那不相思绝。

——纳兰容若　《蝶恋花》

夏夜的月是什么样子？牵牛晓星，长河落夜，隔着碧色的纱窗，月色宛若积年的烟雾，影影绰绰，在深处，有一轮皎洁的明月，冷、透、静，人间绝无仅有。欣赏月色，岂能是一个人的且斟且酌？《诗经》里说，有美人兮，清扬婉兮。而那时的纳兰容若，身边也有着卢氏的陪伴。

他静静地靠在她身侧，安静得就宛如一个没有呼吸的梦，剔透而轻盈，让他的心一再沉溺，不敢轻易触碰于怜惜，也不敢发出任何一个破碎却缠绵的音节，只唯恐，惊散了这个再美不过的梦境——有她的地方，便是他的天堂。

这是纳兰容若回忆两情缱绻时，动情而作的词。为情而生，为情而死，这位一生肆意尽情的词人，生命中的每时每刻，都似是柔情满溢。男女两情相悦，最是甜蜜美好。卢氏是容若生命中的流星，急促地滑落在他温柔的天际，却遗落一道永不消散的痕迹。有多美好呢？美好得容若每一次回忆起来，都觉得是在自残，亦是在自我救赎。没有这段回忆，他不能再生活下去，然而拥有这段回忆，又是他痛苦的源泉。他如失去羽翼的蝶，沉沉地落在惊涛汹涌的海平面上，狠狠地砸落，反反复复，甜蜜地与暗无天日的海纠缠不休。

“并著香肩无可说，樱桃暗解丁香结。”这一句最直白的意思，不过是说他与她并肩靠在一处，没有说话，然而白日里因为世事尘埃的阴郁，却因此渐渐消解。心有灵犀处，自然不需要太多直接的语言。这样的事情，却因为容若的妙手，多了几分温馨和芬芳，如若卢氏能够读到夫君这首词作，想必是了然地会心一笑。他们是恋人，也是高山流水的知音。

其实新婚不久，容若就给妻子写过诗：

一

红烛迎人翠袖垂，相逢常在二更时，

情深不向横陈尽，见面消魂去后思。

二

欢尽三更短梦休，一宵才得半风流。

霜浓月落开帘去，暗触玎玲碧玉钩。

三

细语回延似属丝，月明书院可相思。

墙头无限新开桂，不为儿家折一枝。

四

洛神风格丽娟肌，不是卢郎年少时。

无限深情为郎尽，一身才易数篇诗。

——纳兰容若　《艳歌四首》

康熙十三年，明珠为自己的儿子纳兰性德举办了声色煊赫的婚礼。彼时，容若是一个刚走过十七岁不久的少年。十七岁，像是一个冷僻无声的分水岭，十七岁前，还有任性娇纵伤春悲秋的资本，十七岁后，便被迫或顺从地迅速走向人生的成熟。容若是早熟的少年，早熟是好事，能让人比同龄人更早地洞悉这个世界的潜规则，自此后，嬉笑怒骂，游走人世而游刃有余。

容若是一个例外，这个贵族出身的少年，早熟，却并不世故。他清楚地知道岁月平静的河流下所隐藏的每一分细小的汹涌脉络，通透每一张来来往往的笑脸上含蓄不明的欲语还休，但容若并没有选择迎合。

在尘世面前，他骄傲地选择了沉默。因为骄傲，所以他决定在不久后的考试中，一定要看到自己的名字，闪闪发光地镶嵌在金榜上的某一个位置，让所有的人都知道，纳兰容若，并不是倚仗着父亲或是祖辈的福德逍遥快活的纨绔。他要走一条祖祖辈辈们从未走过的路，并且，在这里，他要取得无人置疑的成功。

他比此前更加不知疲倦地沉首故纸堆，像是胸臆之间赌着一口气，唯有沉浸于书海，方能解气。婚礼在此时和他不期而遇。爱情，亦随之而来。

很难说，容若和卢氏，究竟是谁打乱了谁的流年。不曾相遇的他们，或许会拥有各自精彩的人生。他在金榜题名后迎娶另外一位知书达理的闺秀，或许能相守到白头，或许只能在半生便分崩离析。

而卢氏雨蝉，父亲会为她寻觅另一门当户对的亲事，贤惠温婉的她一生相夫教子，最后化作一方沉重温润的墓碑，静静地伫立在家族的墓地。

他们不相遇，便不相爱，容若那么多的悼亡词里的不再是她，她的人生或许寻常而平静，然而回眸的顷刻，会不会有那么一瞬的怅然若失，就像在某个未知的时空，自己遗落了最重要的东西。

但无法逆流的时光，注定他们要遇上彼此，遇上爱情。他们在情爱里，成就了彼此，也成就了历史。

写香艳旖旎的诗歌，是诗人们偶尔而独特的爱好。苏东坡调侃八十岁的好友张先娶了一个十八岁的小妾时，便津津有味地说：十八新娘八十郎，苍苍白发对红妆。鸳鸯被里成双夜，一树梨花压海棠。秦少游温庭筠柳永的艳歌都写得极好，李煜的写闺房之乐的那一句：“绣床斜凭娇无那，烂嚼红茸，笑向檀郎唾”，更是恒久永流传。

容若的艳歌不像他后来的伤心词，那样活泼俏皮，仿佛是那个彻夜读书的少年，终究知晓人事，卸下了无欲无求的面孔，从巍峨寂寞的神坛，走入了烟火缭绕的人间。

二更的钟声敲断了扑朔迷离的灯火，搁下经卷的白衣少年在暮色中轻轻穿行，夜中露水如泪，濡湿了鞋袜，湿不去的，是一心炽热如火。那一捧随血液而流动的心火，宛若地宫中经年不熄的长明灯，照亮滚滚红尘中的路，照亮少年反复默念了千遍的回家的路。

家中，有人在等候。灯即是等，只要那一盏灯还亮着，就说明有一个人，在昏黄的灯影下，乌发红衣，容色鲜艳地望眼欲穿。是的，少年推开微微掩起的门扉，转身，回眸，入眼，解相思。一张素净如雪莲的容颜霎时染上桃红，她亦是望着他，眼波清澈幽深，如同深邃的黄泉，吸去他的七魂六魄，令他无法主宰自己的肉体。这是他的神，亦是他的魔。

三更时分，月落无声。有一句话叫作“良宵苦短”，他如今可算是彻底明白了。那种销魂的滋味难以言说，却叫人一再沉溺，沉溺。时间为何走得这样匆匆，为何就不能短暂停留，定格在相拥的那一刻，定格在爱到极处的那一瞬。

冰冷的霜凝结了相聚的欢乐，回忆在此时变得明净剔透。锦绣芙蓉帐里，她倦极而眠，可依旧记得紧紧攥住他散落的衣角，不想让深爱的夫君就此在深梦中离去。可是，他却不得不离去。爱欲使他入魔，走入迷障，理智却令他觉悟，再度循规蹈矩。掀开摇曳华光的珠帘，他在离去之前再度凝望她温柔纯净的脸庞，默然承诺她在理想实现之后，便长久地相守。

或许世上最复杂的滋味便是相思：平生不会相思，才知相思，便患相思。也可以这样说，方是别离，便得相思。告别的记忆分明还近在咫尺，近得宛如触手可及，然而爱念深重的心，却在欲海沉浮，若即若离地舍不得放开片刻。埋首在泛黄的古籍，任由端庄雅静的字迹洗去情缘的深刻，可转眼之间，耳畔如若有她的娇声细语，如春后的浅雨，滴滴答答地敲击在枯涸的心间，顷刻枯木逢春。

方才他还在怨念着时光的匆忙，此时他已恨不能快些度过这难熬的时间。期待着那个蟾宫折桂的日子快点来临，尽快结束这段相近却不能相拥的日子。

翩若惊鸿，宛若游龙。当年读到曹植的《洛神赋》，神女清隽飘逸的风姿，便深深地镌刻在少年的心魂间。人世间或许并没有那样惊艳的女子，令人痴痴念念，见之不忘的，或许只有九霄云外遗世独立的仙子，方能有那样清逸萧然的身姿。那时的少年不晓得，爱是可以令一个人化为仙，化为神的。

多年后，他知晓了情爱，于是，他的妻子便成了他的洛水之神。年幼时，他也曾因缘巧合地见过她一面，她还只是个娇憨天真的小丫头，后来随着父亲去南方，归来之后却出落成了亭亭玉立的温婉女子。其实不过是爱的一念之间，因为还不曾爱上，所以寻常平庸；因为深爱入骨，所以念念不忘，只觉得美丽动人。

容若和卢氏的新婚蜜月，在他往返书院和寝阁之间度过。此时的少年，匆匆来往于那条湿润青翠的石子小径，来时，他怀着焦灼滚烫的欢喜；去时，他身负纠结斑驳的相思。他成长了许多许多，爱和时光，就这样将他雕琢成了沉静温和的男子，日后，便是断肠的叹息，也未兴师动众，只得一声苦涩如酒的痛楚：瘦断玉腰沾粉叶，人生那不相思绝！

第二节 一往情深深几许

清代文人谢章铤对容若推崇至极，他曾说："长短调并工者，难矣哉。国朝其惟竹坨、迦陵、容若乎。竹坨以学胜，迦陵以才胜，容若以情胜。"学问和才华，或许后天苦心修炼都能有所造诣，唯独是情之一字，一生跌宕风月的人，也未必真正便懂得情为何物。

容若的特别，便在这个字上。三百年前的谢章铤早早便看穿了这一点，就如同冷树看穿一场红雨。容若的情诗自不必说，字字都是情深义重。令人叹息的是，他的边塞词，亦是一场动人的古今情怀，穿透边关朔月的冷和淡，一缕神情隐匿于其间，正如同笔锋转折处那一点若有若无的婉转。

今古河山无定据，画角声中，牧马频来去。满目荒凉谁可语？西风吹老丹枫树。

从来幽怨应无数？铁马金戈，青冢黄昏路。一往情深深几许？深山夕照深秋雨。

——纳兰容若　《蝶恋花·出塞》

这是他的边塞，真正有别于那些盛唐边塞的原因。盛唐诗人，瞩目的更多是边塞本身，边塞的风，边塞的月，边塞悲壮的故事和传说。容若笔下的边塞，仿若被注入了灵魂，会哭会笑会思索，而他行走在其中，且吟且唱，行云流水，向世人诉说着自己的伤痛和幻灭。

写这首《蝶恋花·出塞》时，容若二十九岁。流光灼灼的八月，他奉命离开京城，与副都统郎谈出塞至梭龙。途中，他从深夏穿行至初秋，从繁华穿越至冷漠，粗犷而苍凉的异景令他不由敞开胸怀，向着天际傲岸之处，萧萧长笑。

望着暗紫色的穹窿高高在他们头顶拱起，斑斓的星河在巨大的宇宙间静静流淌，就像是一个安静温柔的孩子。在这里，作为万物之灵的人类渺若尘埃，唯有天地才是最真实的存在。身处其中的容若忍不住一脚踏入漫长的时空，追溯浩瀚的前尘和往事。

从古至今，这无边无际的天地何曾真正属于过谁呢？来来往往，兜兜转转，生命不断轮回，世事亦不断变迁，谁能预料青山的低落，谁能洞彻沧海的崛起，又有谁能看穿明月的暗影？

这样想了许多，已近而立之年的容若由不得怳然出神。画角声凛

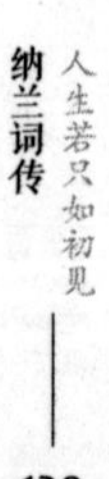

冽地穿透琼光浮云，矫健如鹰的牧人们飞奔着将散落的马驱赶成群，远处响起孩子的欢笑声、女人呼唤丈夫回家吃饭的声音，还有马鸣风萧萧的快意声。然而时光的烟云流转消散，一切都如转瞬即逝的黄粱迷梦，赫赫浮凸在他眼前的，唯有荒凉的郊野，一直蔓延没入天地尽头，还有一株枯黄的丹枫，静静地长立西风，生息，最后垂萎。

他默然伸手，任由粗粝的风卷着沙穿过指缝。仿佛这样，他便能够感受到风中或凄厉或悲壮或哀婉的呼喊，或许，在风沙的深处，藏匿着积年的亡灵，所以才这样冷，这样生硬，这样悲凉，令他的心，都被掘出了一个深深的洞。

一去紫台连朔漠，独留青冢向黄昏。荒原上的枯骨，也曾是哪位美丽的女子温柔抚过的头颅，枯骨化作飞灰，他珍爱过的一切也化作烟云，唯有永世不灭的情爱，流转在滚滚人潮中，使人扼腕垂泪。夕阳冷厉地落下来，铺天盖地，淡淡的云彩，弥合遮掩了暮色，天光急速地沉黯下来，一滴冰冷的水落在掌心，凉凉的，透透的。容若合掌一笑——

秋雨来了！

王国维说："纳兰容若以自然之眼观物，以自然之笔写情。由此初入中原，未染汉人风气，故能真切如此。北宋以来，一人而已。"实际上，这句话更像是在品评容若的边塞词。他有关爱情的词，受花间词的影响颇重。而历代以来，写边塞的诗极多，边塞词却并不那么繁多，容若在自己灵心领悟、情心深聚的基础上，写出了别具一格的边塞词。

山一程，水一程，身向榆关那畔行，夜深千帐灯。

风一更，雨一更，聒碎乡心梦不成，故园无此声。

——纳兰容若　《长相思》

初以为，这首《长相思》该是一首有关风月的词，从温柔旖旎的词牌名，到深情专注的一字一词，便觉得相思无限，情深无边。然而，除了风月之外，这首不过短短三十六个字的小令，却凝聚着容若更多深深的思绪。

成为侍卫，已经有好些年了。他身负皇恩，承担着一个满洲子弟该尽的职责，一次次随着皇帝远赴边关，踏过积雪漫布的贺兰山，经过冰川欲流的天池。漫长的旅途和辛苦的差事，仿佛将当年京城中出了名的俊秀公子换了个人，变得粗粝且憔悴，唯有一双执笔的手，还像是当年疾笔《渌水亭杂识》的手，修长，苍白，却隐隐潜藏着寒铁的锋芒。

二十七岁那年，容若患了痨病。这是一种足以致死的病，在当时即使华佗亦束手无策，最好的大夫也只能建议静养，在锦绣罗帐之间，渐渐地虚耗生命，或许能拖得两三年，或许也能拖上一辈子，然而此生却等同于一个废人。他的一生，他不愿这样过。像一个毫无缚鸡之力的病人，被人精心伺候，终其一生都不得随心所欲地自由，所能拥有的，不过是方寸的天地，直至死亡来临的那一刻。

他再度接受了随帝王奔赴边关的使命。容若并不觉得自己是一个病人，他还能执笔，便也还能执剑，叶赫那拉的后人，并不是娇弱无力的儿郎，他宁愿死在颠沛流离的旅途上，也不愿合眼在高床软卧的安静中。

辞别了父母和妻儿，他随着大军浩浩荡荡地离开京城。此行是康熙帝前去长白山祭祀，途中要经过山海关。那是明长城的东端起点，是有“天下第一关”美誉的关隘。更重要的是，这是一座改变了满清命运的城池。

明末，崇祯帝令大将吴三桂镇守山海关。吴三桂领重兵于山海关与清军对峙，然而，明王朝没能等到它的将军将清军驱逐，便亡于农民军李自成的手中。李自成自立为帝，招降吴三桂。

吴三桂左右为难，迟迟不降，最终打算投降于李自成，然而却听闻自己留在京中的家人女眷被杀的被杀、被禁锢的被禁锢，甚至最心爱的姬妾也被强占。骄傲气盛的将军终于忍无可忍，转而打开了山海关的城门，放弃了对明朝的最后一丝忠诚，迎入了清军。

自此，清军从山海关攻入北京，创立了一个崭新的王朝。山海关和满清，就像是有着前世的宿命，它们紧密相连。除了山海关，便是满清的根。身为满人，容若也无法遗忘自己的源头。

黑色的山峰和白色的水在容若面前姗姗掠过，高空中翱翔的海东青呼啸滑落，天空是瑰丽至极的青色，一层层地透开冬日的严寒。安营扎寨在山谷间，夜色沉寂，如大块大块的墨色洇开来，数以万计的军营更是毫无声息，严明的军纪使山谷像往昔一样的安静，只是各个营寨中的灯光，如若漫天的繁星，无声地跳动着。

这个时节，一缕叫作思念的愁绪忽然跳入他的脑海，孱弱的病体经住了旅途的颠簸，却没能在万籁俱静的这一刻，经住入骨的思乡。分明此处才是真正的故乡，然而容若却更加思念起远在京城的父母，或许只有在他们的身边，才无法感知帐外的寒冷。原来那些思乡的诗词，都是这样写出来的，怀着某种悱恻的情绪，落笔成书。

四年后，容若终究敌不过病魔的侵袭。心有余，而力不足。温柔深情的他，何曾预料到自己的陨落。一生平顺，锦衣玉食，却耐不过命运的强悍，早殇于那个冷寂幽静的深春。然而，命运却终将他的情留在了青史上，想必面对后世诸多的凭吊和追随，容若的魂魄，亦是安之若素。

第三节 又到断肠回首处，泪偷零

从前看《东邪西毒》，古旧的港片，一词一句，却时常揪起一片惘然，反反复复，在时光的洪流里淬炼成永垂不朽。素来最爱欧阳锋的独白，黄沙席天幕地的黄昏，河水与天空都流动着油画般的浓重感，岁月像是过了很久很久，消瘦憔悴的剑客声音低沉噬骨：当你不能够再拥有，你唯一可以做的，就是令自己不要忘记。

幻梦纷纷扰扰十年间，那个孤独忧愁的剑客，终究说出了隐藏在心底最深的眷恋。他在惦念里重复着痛苦和欢乐，新的回忆浇铸出旧日容颜，他仿佛在用一生证明——世间无常，也总有那么一些事情，不要忘，不能忘，不敢忘。

其实这个道理，在很久之前，一个名叫纳兰容若的词人，就已经懂得。

风絮飘残已化萍，泥莲刚倩藕丝萦。珍重别拈香一瓣，记前生。

情到浓时情转薄，而今真个悔多情。又到断肠回首处，泪偷零。

——纳兰容若　《摊破浣溪沙》

他说，风絮飘残已化萍，泥莲刚倩藕丝萦。风絮飘萍，藕断丝连。说的都是念念不忘挥之不去的昔日情事。因为曾经真心相爱过，所以彼此都不能肆意遗忘，驱除那份曾炽热的爱恋。流水萦绕，唤起执手相约白头的盟约，而今伊人远去，杳然无踪，只余下长长的思念宛如积雪，漫过冰封的心，也漫过欲裂的头颅，他从三生大梦里陡然惊醒，泪意蒙眬间，拣出回忆一瓣，存作前世的永恒。

那时候的容若，已是尝尽情之痛，情之悲，情之殇。他短暂的生命，像是一方巨大的容器，延展与承载了太多沉重的怅惘。这首凄楚忧伤的《摊破浣溪沙》，又有谁能想到，这是一首感怀之作呢?

实际上，那是年轻的词人，追忆起三国时曹操和洛阳名妓来莺儿的传说时，因感而发流传下来的墨迹。说起曹操，许多人都头头是道：曹操，东汉末年人，字孟德，小字阿瞒，精兵法，通书墨……最终以“乱世枭雄”四个字总结了这位三国时曹魏政权最初缔造者的一生。

却很少有人知道来莺儿的名字。历史里，女子侥幸留存的名姓，几乎都是英雄们锦上添花的一缕薄烟，或是蛊惑乱世的泱泱祸水，像蔡文姬李清照这般凭借着自身在青史上占据一席之地的女子，并不多。来莺儿之所以能留存在传说里，亦是她和曹操的一段交集。

她并非是他身边的红粉知己，亦不是满心爱慕着这位当世枭雄的女子，虽然是风流婀娜的洛阳名妓，因为艳名被曹操收入府中，成为了他府邸里，众多粉黛中的一位。她却如同天底下最寻常单薄的女儿家，只期待着自己的良人——那个人，他可以清贫如长风素洗；他也可以无权无势颠沛流离；也可以沧桑满怀沟壑斑驳。可他应该是真心的，温柔呵护，如同呵护一只寒风中瑟瑟的鸟儿。那个人，她以为她找到了，却不知，所有的符合，都只是刻意伪装的表象，或许她深爱上的那个人，只是她一个积年的梦。可怜痴心如霜，再冷，她也愿意一心维护残梦的圆满。

那个人，是曹操身边的侍卫，名叫王图。在来莺儿眼中，他英俊而潇洒，体态修长，宛如玉树兰芝。情人眼中的彼此，果然是最好的。她是真心爱着那个年轻的侍卫，将他放在自己心上，看得比性命还要重要。她自顾自地想：他应该也是这样爱重自己的吧，即使这段情缘，或许只能黯然收场。但星魂落魄，乱世浮沉，这对年轻的爱侣，并未料到他们即将面临的仓促生死。

他是曹操座下备受重用的年轻下属，谋略过人，胆识铮铮，曹操也有意提拔他，给他机会让他领一小路人马轻骑夜装，刺探敌情。深入敌军，上了战场，这条命，便不能再属于自己。他怀着诀别的心意前去同来莺儿告别，鲜血与玫瑰相溶，仿佛是一曲悲壮的交响乐。

她泪如雨下，忍不住一再握住情人的手，紧紧地拥住还炽热的躯体——刀剑无眼，她只惧怕离开她的是活生生的人，回来时却是一具冷冰冰的残躯。到底是年轻，还经受不住离别，也不能抗拒情人的泪，不断的诀别里，王图终究耽搁了时间，延误了军机。

曹操大怒，下令将王图斩首示众。军令如山，眼看着心爱之人顷刻身首分离，柔弱的女子挺身而出，愿意为情郎承担一切责任，甚至以生命交换。而曹操，这才知道他们的私情，在自己不经意的时间里，被自己遗忘冷落的女子，已经转身爱上了他人。他是刀光剑影里出生入死的英雄，亦是琴棋书画里恣意纵横的才子，面对来莺儿的痴心和决然，见惯了生死，也见惯了狡兔死走狗烹的枭雄，深深地沉默了下去。

死生不过转瞬，痴情却没有期限。他决定给来莺儿一个机会，命她在一个月时间内训练出一班出色的歌姬，如果她能够做到，那么他就允许她代替情郎赴死。听上去不难，做起来却并不简单。

曹操的想法很简单，即使不能等价交换，她给出的筹码，也必须相差无几。来莺儿接受了这个交换条件——一个月后，她完成了任务。白衣素颜的女子跪在曹操面前，宛如一抹柔韧的芦苇，请求代替王图死去。生命那样宝贵，在她眼中，用来证明爱情的坚贞，却是义不容辞。

这时候，曹操是五味杂陈的。他早已问过王图，面对来莺儿的深情，王图却说，他不过是逢场作戏，美丽和刺激，总会令男人误以为跌落情天幻海，冷静下来之后却发现，那只是一场露水姻缘。这比他延误军机更令曹操厌恶，却偏偏有言在先，不能令他死去。然而他也不能告诉来莺儿，她愿意以死相换的情人，是多么的薄幸和寡情。

曹操也没有真的下令杀死她，而是让她离开洛阳，此后天地之大，任由她自由漂泊，或许乱世里一个孤苦无依的女子会迅速凋零，但或许也能寻到一位真正的良人，真正可以栖息的明月枝。

这个传说，蒙上岁月的风霜，披上众口相传的流光，被容若悄然翻阅时，不知怎么的，触动了那一片诗意的情怀。他的灵魂，浸润在浩瀚的尘烟里，缥缈欲散，仿佛伸手就可以触及那为情赴死的女子的决绝。那决绝，不只感动了那个枭雄，也感动了后世的他。不能得到同等回应的满腔深情，是精卫填海式的坚韧，一复一日，年复一年，填不完的情爱深渊，却能感动苍天和人心。

被那种坚贞柔韧的爱所感动的同时，容若也想起了自己。情到浓时情转薄。世间最不堪不过如此，明明深爱过，背身花荫深处，却忘记了曾经的深情。最难为是两个人，一个已薄情地放下了过往，一个却依旧深深地踟蹰在原地；一个新欢缱绻共效于飞，一个却徘徊在物是人非的旧盟约，泪落冷月，酸楚尝尽。

而他，可曾在仓促行走的时光里，遗忘过谁的容颜。一张素净的芙蓉脸，一对米粒大的小小梨涡，一双清澈如银丸的眼眸。她曾陪伴自己度过多少个冷月如钩的夜晚，将他蚀骨的寂寞和孤冷踏在脚下，一同踩得粉碎。

陌路天涯，一切一起走过的人生，淡然隐没，他在最初的痛楚后，被弥补和重新拥有，而她却再不能重归自由的晴空下。她不是来莺儿，命中遇贵人，曹操给予了来莺儿新生，紫禁城却断送了她的余生。她们遇上的都是薄情人，而她们的人生，却是殊途。

青芒水光，想起自己的薄幸，纳兰容若唯有泪落青衫，无声地搁下千钧般沉重的笔，洇开了墨色浅影。泪偷零，泪偷零，不知何事忆阑珊。他是那样无能，就连悼念一场过往，都只能背对着繁华，偷偷哽咽。如果他爱过的她知晓，会不会后悔曾爱过这样无能为力的一个人，会不会痛快地将他斩杀在自己的回忆里，断绝朝思暮想的痴，驱散情深如海的念。

“门巷乌衣日月边，功名不误误青毡。半生崇作空梁句，四海情深秋水篇。消渴未霑茎露赐，涸鱼争受监河怜。至今遗照留兰若，还傍琮铮一掬泉。”清代文人杨度汪曾为纳兰容若写下这样的诗句。他评说着前人的情，念起自己的情，而后人，评说着他的深情。兜兜转转，原来以情酿成的芬芳，才是最永久。

第四节 当时只道是寻常

一直以为，温柔才是世界上最强大的武器。如果可以从容，谁愿意仓促奔跑；如果可以平静，谁愿意暴跳如雷；如果可以温柔，谁愿意冷面以待。温柔的女子，也总是容易被善待的，其实能够获得善待，也算是一种无声的征服。她的沉静如月色，于云卷云舒里悄然开合，守着一心的洁净，绽放一身的洁白。

谁念西风独自凉？萧萧黄叶闭疏窗。沉思往事立残阳。

被酒莫惊春睡重，赌书消得泼茶香。当时只道是寻常。

——纳兰容若　《浣溪沙》

隐没在纳兰词里的那个女子，可想而知，那应该是个温柔纯善的女子，眉目秀美如画，娴静得像一卷画，那不是叫世人惊艳的笔墨，而是淡淡的山水流淌，不经意间，便浸润了那翩翩公子的心田。

那也一定是一位清秀雅致的女子，在她身上，只能看到属于世俗的温柔，却看不到属于世俗的燎烟。她必定玲珑剔透，如手中把玩的翡翠核桃，轻轻一转，心念便流溢出一个“巧”。

她被那位秀月青衫的词人铭记不忘是有理由的。一位才华横溢敏感细腻的词人，是无法忘记结发妻子，也无法忘记一个知音，同时也不能忘记那淡淡的温暖柔情。流年暗度，红了樱桃，绿了芭蕉，心中沉淀下来的思念依旧弥足珍贵，从前琐碎的尘事，不管是在何时何地想起，都浸透着浓浓的相思，还有悔恨和眷恋。

这首词作，落笔于卢氏故去几年后。这时的痛苦，不是骤然失去妻子的鳏夫承受的痛苦，而是日积月累里未亡人点滴积聚起来的悲伤。死亡所带来的悲痛和怨恨，都仿佛在无声的年月里静静地散去，像拂开了水月，像抹去了落花，然而水月下澄净的青石，落花里新生的根芽，都分明清晰如昨——携手同行过的点点滴滴，清晰如昨。

那年初夏，燕双飞，草疯长，湖边的垂柳捧出一汪碧绿。这一年的初夏，比任何一年的都要美好、热烈。两情正是最浓时分，此时，就算是小小的别离，也是无伤大雅的事情。都说小别胜新婚，短暂的离别，是更加珍惜的前兆，亦是相聚欢乐的源泉。

结束陪同皇帝的巡游回到京城中，这场小别令容若几乎来不及洗去仆仆风霜，便匆匆辞别了同僚，返回府中。临近他们的小院，他的脚步却忽然轻了下来，嘴角噙着一缕笑，细细地捕捉风中的那一缕琴音。

卢氏是一位极其富有才华和生活情趣的女子，她能诗会画，也能弹得一手好琴。这在满清闺秀里，并不多见。她祖上是汉人，加入满洲八旗后，依旧保留着汉族女子的一些美好特性，譬如温柔的心性，又譬如柔婉的才情。

汉族女子的娇柔，融入了满清女子的明朗，是容若从其他女子身上难以寻觅到的独特。此时，他驻足梨树下，侧耳聆听，一丝一缕的清澈音色，宛如静谧的流水，淡去他心间旅途的疲惫，散去他身上厚重的倦意。

琴声极美。可世间最美的事物单单依赖一个“美”是不够的，它们往往有情，做菜，写诗，以情做出来的，总是与众不同，即使原本平庸，也因情生动起来。卢氏的琴声，听在容若的双耳间，美如天籁，是因为琴声里有相思，而听琴的人，也听出了相思。

他悄悄地推开门，看见她温柔垂眸，背对着他低头抚琴。窗棂透风，细细地吹拂她鬓间青丝，她指尖的琴声像是活了，灵气十足地飞舞流动。书案上有新作的词，他伸手拿来细瞧。忽然之间，天地如斗转星移，心也随之快活无比。

隔花才歇廉纤雨，一声弹指浑无语，梁燕自双归，长条脉脉垂。

小屏山色远，妆薄铅华浅，独自立瑶阶，透寒金缕鞋。

——纳兰容若 《菩萨蛮》

在他离去的时日里，并不止他一个人相思皑皑，在闺阁高楼深处，他所思念着的那个人，也在深深为情所困。她看见双飞燕，便想起自己的形只影单，双宿双栖的飞燕是那样刺目，浑不如柳枝儿，只是单单垂落。远方究竟有多远呢，身在远方的那个人又何时才能归来呢？天地那头的山色连成一线，那应该够远了吧，如果他就那里该多好啊，他还在她目所能及的地方，只不过隔了山，隔了水。

女为悦己者容。如今的她，已无心梳妆，就算花团锦簇如神仙妃子，他见不了，那又有什么意义呢？薄暮时分，独自走上楼阁，任由暮色褪去，一层一层的夜色淹没了整个碧空，这一日又算是过去了，可为什么她还要伫立在楼头，不肯离去，不愿离去，由着夜露濡湿了金缕鞋？那是因为，她还在等待啊！

相思不曾辜负，感念能够被感知，那都是世界上最美妙的事情。有什么比得过自己付出的心意能够被探寻珍重来得更欢喜呢？

有研究表明，如果盯着一个人持续看六秒，空气里便会有电流般的气体击中那个人，于是他会回过头，寻觅着方向，找到她。这很神奇，然而更神奇的是爱情里的心有灵犀，就像那一刻，仿佛有感应一般，她回过头，就看到思念了许久的夫君，正目不转睛地在身后瞧着她，眼神温柔得能溢出水。到底是矜持克制的大家闺秀，卢氏垂下头去，耳边泛起淡淡云霞，如匀了一层成色极好的胭脂。

他提笔，落墨：

背立盈盈故作羞，手挼梅蕊打肩头，欲将离恨寻郎说，待得郎归恨却休。

云澹澹，水悠悠，一声横笛锁空楼。何时共泛春溪月，断岸垂杨一叶舟。

——纳兰容若 《鹧鸪天·离恨》

见容若归来，分明是欢欢喜喜的，却低了头，只作是害羞。性情开朗的婢女前来打趣，也忍不住娇憨地捶打她的肩头。分明是怨恨他就这样丢下自己离去，也发誓要在他归来之后好好算账，然而等他归来，所有的怨念痴恨，却消散如云烟。女儿家的心思，就是那样奇妙，反复无常，转得比什么都快，爱也好恨也罢，唯独到了心爱的人面前，便成了一副羞答答的模样，由不得令人生怜生爱。

容若和卢氏的姻缘很短暂。月有阴晴圆缺，人有悲欢离合。生死从来由不得人。几年后，卢氏因病而终。他续娶了官氏，又纳过几个妾室，在人生的最终也有一个红颜知己沈宛相伴在侧。

然而，那些在他生命里沉沉浮浮的女子，再也没有能如同他的结发妻子一样，带给他现世安稳的感动。就如同他说的，云淡淡，水悠悠，一声横笛锁空楼。那样的淡静与沉稳，仿佛车马声、名利声、悲喜声，尘世里所有喧嚣的声音都退散到很远很远的天涯，唯独剩下一双璧人，在静到极处的深山，聆听一片叶落的摇曳，执手一盏清灯的温暖，翩跹一叶小舟的静好。

于是，容若对卢氏的怀念，亦是到了极处。一句“当时只道是寻常”，便能看出他极致的痛楚。天地枯萎，生死衰竭，每一个琐碎的瞬间，都牢牢记住，这需要多深的眷恋，多重的爱情。

他记得春睡醒来时她坐在一侧温柔微笑的模样，记得赌书泼茶时她时而娇憨时而伶俐的样子，一点一滴，当时为何会觉得寻常呢？那是他永远回不去的过往，是他人生里最宝贵的记忆，为什么每个人都非要等到失去之后才能明白？

那样的生活，好想回去。

张爱玲有个著名的比喻：也许每一个男子全都有过这样的两个女人，至少两个。娶了红玫瑰，久而久之，红的变了墙上的一抹蚊子血，白的还是‘床前明月光’；娶了白玫瑰，白的便是衣服上的一粒饭粘子，红的却是心口上的一颗朱砂痣。或许只有容若是个例外，他爱过的表妹是他的白月光，永远凄凉地照在他的心口。他的妻子是他的朱砂痣，珍重地放在心底，不会干涸，不会陈旧，不会随着岁月的流淌而无踪。

也或许，是因为他终究都不曾真正拥有过她们。她们都只在他的人生路上，陪伴着他走过了一段美好而短暂的路，一起欣赏过沿途的花开花落，一起怅惘过渔舟的落日残暮，一起燃烧过诗情画意的人生。

而后，她们便猝然地从他生命里离去，甚至没有一个循序淡去的程序，像夏日的暴雨一样毫无预兆。这留给他可想可念可眷恋的空间实在浩大，她们都成了他永恒的白月光和朱砂痣。

或许，这样的失去对容若来说，才是最好的。伤痛给了诗人永不枯竭的灵感，而失去圆满了他深情的专注。若三生有幸，他留下了表妹，结为神仙眷侣，度过一段美好的时光，彼时，卢氏的出现，他们又该如何自处？是令容若成为一个真正薄情寡性的男子，每个人都爱，还是每个人都不爱？那样尴尬的局面，以容若温柔敏感的性情而言，必定是一场折磨。

或者他也会看淡，毕竟情到浓时情转薄，她们便成了他心里的蚊子血和饭粘子，维持着表面的和平，彼此相互怨恨和厌弃。天底下的夫妻，总是有许多如此的。不能说，容若必定会免俗。

外力不可阻挡的因素造就一段永恒的坚贞爱情，笔墨回忆里淬炼出神话，在反复眷恋怀念里忘记了曾经的伤害和悔恨，只记得她的芙蓉秋雨，记得她的赌书泼茶寻常事，如是，就足够好了。毕竟曾经真心相爱过，那样悲伤决绝的收场，总要好过在寻常琐碎里一日日地消磨炽热的爱意和温情，最终两两相厌，变成一世怨偶。

这大约是对纳兰容若，最好和最迟的安慰罢了。

第六章

红颜·情泪·断肠

第一节

多少滴残红蜡泪，几时干

月朦胧，鸟朦胧。在极静的夜里爆开一盏灯花，万籁俱静里唯一一丝光。容若从浑浑噩噩的梦中醒来，似乎还承受不住这微光，闭目，长吁，手惯性地滑向枕畔，是一片清冷。那一瞬，胸口突如其来地游过一线极细的疼，一如闪电，劈开半空的夜色。这样阑珊的夜里，他想要说点什么，已无人温柔侧身，安静聆听。

枕边依稀萦绕着她的气息，是一抹淡如牛乳的甜香，令人心安。他深深地吸了一口气，目光旁落在一方铜镜上。恍恍惚惚，又仿佛回到了昔日。古来闺房情趣，也常为时人吟咏。洞房昨夜停红烛，待晓堂前拜舅姑。妆罢低声问夫婿，画眉深浅入时无？这首唐时朱庆馀的小诗他很喜欢，旧时女儿家，今朝做新妇，还留着小女儿的娇俏可爱，回头娇声问一问夫君，眉毛画得好不好？读起来便觉得天真缱绻。

他亦喜欢为她画眉。

新婚里，也曾执笔细作，调脂弄粉。古人说，山是眉峰聚，水是眼波横。每次望见铜镜中她的容颜时，他总是莫名地想起这一句。眉眼盈盈，极尽娇妍。而那时，他却羞于停留太久，总是匆匆一瞥，将惊艳的容颜绽放作莲花一朵，静静地明媚于心田。

墨色般漆黑的深夜里，他闭上双眼，任由记忆如潮水一般涨落。隐约里，他仿佛又闻到了她的气息，淡淡的甜。她还穿着旧时最爱的家常衣裳，窸窣而温柔地坐在床沿，伸指落在他的眉心，冰冷地亲吻在他的额间。就像她从来未曾离去过。但他知道，这不过是个太过逼真的梦，这个梦里，甚至有残烛落泪的声音，细碎地迸裂一世伤。

欲话心情梦已阑，镜中依约见春山。方悔从前真草草，等闲看。

环佩只应归月下，钗钿何意寄人间。多少滴残红蜡泪，几时干。

——纳兰容若　《山花子》

这首《山花子》也是纳兰容若悼亡词中的一首，格外别致的一首。说它别致，是因为它带着若有若无的鬼气——仿佛在容若心里，卢氏并不属于人间，她来自九幽方外，冰凉的，柔软的。也不免令人在心底默默念起李贺的《苏小小墓》：幽兰露，如啼眼。无物结同心，烟花不堪剪。草如茵，松如盖。风为裳，水为珮。油壁车，夕相待。冷翠烛，劳光彩。西陵下，风吹雨。

如出一辙的幽怨伤心。渗出一缕来自遥远幽冥的冷，呵气如兰，足尖如浮，所掠之处鲜花青草都随之委顿无力。但不同的是，李贺之于苏小小，是怀念，是凭吊，是怜惜；纳兰容若之于卢氏，是深爱，是缠绵，是今生缘尽亦想要约定来生的虔诚。魂魄又如何，生死又如何？死生契阔，生生世世，都要约好一起走过尘世风霜，携手至白头。回忆一笔笔，如浓墨重彩的局，煊赫分明地布在眼前。似真似幻的迷梦，仿佛将他带回到定情的最初。

年少时，容若曾师从禹尚基和经岩叔，那两位是画坛的丹青妙手。拜在他们门下，容若一手画技虽然称不上炉火纯青，却也妙手能绘风月。年纪见长，朋友里不乏能诗会画的人，张纯修、严绳孙等都精通绘画，耳濡目染之下，容若的画技更上一层楼。

犹记新婚时节，他钟爱画洛神。其实这种钟爱，是从文字移情于水墨。曹植的《洛神赋》，始终被他铭记在心里：

其形也，翩若惊鸿，婉若游龙，荣曜秋菊，华茂春松。髣髴兮若轻云之蔽月，飘飖兮若流风之回雪。远而望之，皎若太阳升朝霞。迫而察之，灼若芙蕖出渌波。秾纤得衷，修短合度。肩若削成，腰如约素。延颈秀项，皓质呈露，芳泽无加，铅华弗御。云髻峨峨，修眉联娟，丹唇外朗，皓齿内鲜。明眸善睐，靥辅承权，瓌姿艳逸，仪静体闲。柔情绰态，媚于语言。奇服旷世，骨象应图。披罗衣之璀粲兮，珥瑶碧之华琚。戴金翠之首饰，缀明珠以耀躯。践远游之文履，曳雾绡之轻裾。微幽兰之芳蔼兮，步踟蹰于山隅。于是忽焉纵体，以遨以嬉。左倚采旄，右荫桂旗。攘皓腕于神浒兮，采湍濑之玄芝。

——曹植　《洛神赋》

仿佛世界上所有美好的语言，都已被当时那位占尽天下七分才的年轻人加诸其上。他眼中的洛神比皎洁的明月更美，也比轻柔的山风更婀娜。这种美，只存在于九玄天宫里，或者是恋慕至深的情人眼里。

据说，曹植的《洛神赋》所精心赞美的那个女子，是他的嫂子，曹丕的妻子甄宓。传说里，河北第一美人甄宓同时为曹操、曹丕和曹植父子三人所钟情。花影摇曳，光风霁月，她独独只爱才华横溢温和俊秀的曹植，这原本是一段美好的姻缘。只可惜阴差阳错，甄宓最终嫁给了曹丕，成了他的皇后。而她爱过的年轻人在长兄的政治压迫下，不得不远走天涯。他们再也没有相见，最后她在猜忌和冷眼中死去，他在心灰意冷间黯然老去。天地悠悠，只留下一段怆然的爱情传说，还有一篇千古传诵的《洛神赋》。

在曹植的梦里，深爱的女子化作洛水的神祇，同他相爱相会。这段情，时光无法斑驳，尘埃无法寥落，落在容若心间，是一只越过岁月悠长的梁间燕，温存呢喃，纷飞的最终，模糊了他的双眼。

他画了许多洛神，却都觉得不够好。尽管朋友们都说已经足够了，但只有他自己晓得，他还没画出自己心中的洛神。直至新婚之夜，他在满室红烛光里，掀开妻子的盖头，那一张欲语还休的美丽的脸孔，仿佛和千年前那个含恨而终的女子重合起来，真真假假，变作如今他身边温柔娇娆的解语花。

未久，他终于画成了《洛神图》。当他挥毫作画时，笔墨流畅柔滑，不复往昔艰涩断续。像是心里有一双手，轻轻地握着笔，无须思考和凝重，自然而然便成了他所画过的最美丽的洛神。他凝视着画中衣袂飘飞的女子，透过纸背，他好像看见了很远很远的地方，塞上牛羊，漠北胡杨，自由凛冽的风里传来亘古的歌谣——他牵着她的手，走了很久很久，走到罕见人迹的地方，只有彼此和彼此，相依相偎，相互珍重。

容若把这幅画送给了新婚妻子。她抬起眼眸，流水一样的眼波从他的脸庞落到画上，低声浅笑："你画的是洛神呢。"果然，她是懂他的，容若亦是微微一笑："没错，就是洛神图，送给你。"

那时，还不时兴送九百九十九朵香槟玫瑰，也不时兴送一枚永流传的钻戒。坚贞爱情的见证极其简单，一句盟约，一首情歌，一卷画，足够代替一切表白。

在容若眼中，卢氏就是曹植笔下姿艳仪清的洛神，她的一颦一笑，一举一动，一言一语，都是那样绰约多姿，柔婉多情。一生一世的誓言虽然没有说出口，但是他知道，她懂。

那时的容若，他想，自己是多么幸运啊。曹植和甄宓，一个是才子，一个是佳人，天造地设的一双璧人，偏生有缘无分。而自己虽然失去了雪梅，上苍却还是厚待于自己的，将这样好的妻子送到自己身边。自己苦苦追寻了多年的洛神，此刻就是自己的枕边人，呼吸与共，生将同寝，死将同穴。他应该是知福惜福的人，必然珍重这场缘分。

缘分却不容他来珍惜。三年后，他的洛神渺然无踪。他痛不欲生，甚至拒绝将妻子的遗体葬入祖坟。死亡是距离他多么遥远的事情，怎么可能发生在他所深爱的人身上呢？那一定是一场可笑的骗局，她会醒过来的，一定会醒过来的。怀着那样悲伤绝望的念头，容若将卢氏的灵柩安放于双禅林寺里。仿佛让灵柩中的女子朝听晨钟暮听佛颂，就能换来她再一次的回眸。

这一放，就是一年。在这一年里，容若时常出城来寺中，为早逝的妻子念经诵佛。他像是一位最虔诚的僧客，青衣简装，跪在佛前，肃穆沉静。久而久之，双禅林寺中的僧人也都知道，有这样一位年轻的贵公子，常常静坐在佛前，静思，冥想。一坐，便是一个日落。

他们见惯了尘世的悲欢离合，有人求佛，是为了阖家安康；有人虔诚，是为了仕途坦荡；但他们没有看穿，这个年轻人求的是什么。他很安静，仿佛无欲无求，然而他的眉间，总是萦绕着一缕淡淡的忧伤，佛也无法缓解这缕沉重的忧伤。

有小沙弥告诉他：施主，凡所有相，皆是虚妄。

他合掌，不语。若世间的一切都是镜花水月的虚妄，那么为何人要走到着世上，走这一遭，经历痛苦，经历爱恨，经历俗世的一切黑暗与残破。佛说虚妄，他宁愿执着于渺茫的虚妄，也好过，在无底的深渊里，永无止境地坠落。

卢氏的棺柩终究在一年后，被葬入纳兰氏族于京郊皂荚屯的祖坟。他用一年的时间，才貌若安然地走出爱妻死亡的阴影。他像是已参透生死的真谛，走出了执念，等待着新一轮的重逢。

帘卷落花如雪，烟月。谁在小红亭？玉钗敲竹乍闻声，风影略分明。

化作彩云飞去，何处？不隔枕函边，一声将息晓寒天，肠断又今年。

——纳兰容若　《荷叶杯》

化作彩云飞去，何处？何处寻旧影，已是碧落天涯。其实，生生世世，他从未忘记过。这份思念，已溶入他的血液，溶入骨髓，随着灵魂生息流转，牵动每一寸呼吸和心绪。纵使千年过，这份情依旧不曾褪色。

第二节 人间何处问多情

“世界上最遥远的距离，不是生与死，而是，我就站在你面前，你却不知道我爱你。”明知深爱，却不能相爱。明知所爱近在咫尺，却无法触及。爱情里煎熬痛苦的事情很多，这一桩，离相爱很近，也很远，有时只是一句话的距离，有时却是天涯之遥。这在现代大约是两情中的“暧昧”阶段，朋友以上，恋人未满。

但纵使有时觉得暧昧美好的，到深夜间也不免辗转反侧，惆怅难眠。实在是不能有踏实的存在感，一切都飘浮在半空中，会因为一句话美妙如天堂，也会因为一个眼神动作而坠入云端。其实爱情本来就这样纠结烦恼，王子和公主三天三夜的幸福婚礼后，也会陷入平凡琐碎的争执。混杂痛苦甜蜜，交织悲伤欢乐，在泥泞肥沃的土壤上开出一朵名叫“欲罢不能”的花，或许这才是情爱最深处的诱惑。

也难得千百年来不论文人骚客，抑或贩夫走卒，都曾或喜或悲或浅或浓地记录爱情的种种姿态。

关关雎鸠，在河之洲。窈窕淑女，君子好逑。
参差荇菜，左右流之。窈窕淑女，寤寐求之。
求之不得，寤寐思服。悠哉悠哉，辗转反侧。
参差荇菜，左右采之。窈窕淑女，琴瑟友之。
参差荇菜，左右芼之。窈窕淑女，钟鼓乐之。

这大约是五千年底蕴深厚的中华文化里第一首被明确记载收录，并得以流传的情诗。这首琅琅上口，三岁小儿都能背上几句的诗歌出自《诗经·周南》。男女相恋，你侬我侬，唱出来的情歌充满了欢乐愉悦，情诗的先河自此而开。

爱情诗大多是甜蜜芬芳的，杜子美写过“淡极始知花更艳”，倒很有几分爱到深处自销魂的味道。热恋是宛如误入桃源，落英缤纷，流水迂回，辗转之间豁然开朗，有洞天的壮阔之美，也有小桥的碧玉之美。只要足够相爱，总能品尝出所有的味道，看完所有的风景。这种情诗，是“相思树底说相思，思郎恨郎郎不知”的幽怨娇娆；亦是“身无彩凤双飞翼，心有灵犀一点通”的扬扬自得；更是“结发为夫妻，恩爱两不疑”的坚贞信任。

可情诗也有悲伤到极致的。爱情里容不得沙子，却不得不容纳生死。而容纳了生死的爱情，不消说，已是笼上了一层淡淡的死灰。这种情诗，有一个哀伤的名字，叫作“悼亡诗”。生者悼念亡人，花落人亡两不知，这诗意，是凄凉，是痛楚，亦是断肠。

历史上最早留下悼亡诗的是潘安。不错，是“掷果盈车”的美男子潘安。史书说他“美姿仪，少以才名闻世”，这位姿容清绝的美男子不仅符合言情文里对男主人公的所有描摹，亦是一位极有才华的年轻人。不幸的是，他的妻子在他前头离世，恩爱了二十年后含笑告别了深爱的夫君。

古人寿命并不长，能携手白头的夫妻寥寥无几。早年就丧夫或丧妻的大有人在，而这些人在失去配偶后往往还活了数十年的光阴，他们在漫长的时光里，不断回忆怀念着逝去的枕边人，忆起昨日的恩爱，寥落今日的孑然，在怅然和思念里逐渐霜白了鬓角。记忆是任人揉搓的面团，真实的存在未必就是那样的事情，譬如潘安最先三首悼亡诗，其后写悼亡诗写得令人潸然的元稹，就被考证出他的人品其实并不算好。

元稹是靠着岳丈家青云直上的。他的妻子韦从是太子少保韦夏卿的女儿，他借着裙带关系在官场混得如鱼得水，最后官至宰相。这且不论，据说他那篇情真意切的《莺莺传》便是自己的亲身经历，他始乱终弃了那个少女，中年时还曾强抢下属妻子，晚年同白居易的爱妾也有一段说不清道不明的往事。元稹其人，可以说是极其风流。然而他悼念亡妻的诗，却真是哀婉凄然，寥寥数语，便叫人心酸黯然。

昔日戏言身后意，今朝都到眼前来。衣裳已施行看尽，针线犹存未忍开。

尚想旧情怜婢仆，也曾因梦送钱财。诚知此恨人人有，贫贱夫妻百事哀。

——元稹 《遣悲怀》

口吻虽然淡然，其间的伤心，却是举重若轻。后来元稹也有写过更著名的悼亡诗“曾经沧海难为水，除却巫山不是云。取次花丛懒回顾，半缘修道半缘君”。妻子的离去，令他痛彻心扉，夜夜魂梦不绝，惊痛沉沉，唯有在潜心的修行中，才能获得一丝半刻的宁静。读到此处，却是宁愿相信，这位风流至极的权臣也曾真心爱过自己的妻子，七年耳鬓厮磨，相濡以沫。一生能有几个七年呢？怎么能不留下痕迹，不留下几许真情？

而纳兰容若，他和他们都不一样。他不如潘安或元稹，在妻子亡故之后还在世上行走了很长一段流光。卢氏亡故后，不过七年，他便英年而逝。而他和妻子静心相守的时光，也只有短短三年。

这三年，是他生命中最温暖的三年。生命的深度不在于长短，一生汲汲营营碌碌无为，浑噩不知世事，纵使有百年的寿数，也只是朝生暮死的蜉蝣。那三年，令容若宛如一朵昙花，绽放的时间短暂如一瞬，惊艳夺目的芳华，却念念不忘了无数人。

“悼亡”题材的爱情诗在容若笔下，绽放出了极致，这不是偶然，而是冥冥之中的必然。他爱得至深，爱得至诚，爱得至真，所以方能用笔在生和死之间架起一座虚空的桥，将这段情变作永恒。

伏雨朝寒愁不胜，那能还傍杏花行？去年高摘斗轻盈。

漫惹炉烟双袖紫，空将酒晕一衫青。人间何处问多情。

——纳兰容若 《浣溪沙》

秋去春来，烟草渺渺，几场春雨，几丝绿柳，几道青苔，冰封的城池便扬眉吐气地舒展开来。都说春是好时节，可瞧那细雨连绵无边，浸润了山，迷蒙了水，渐渐便有寒意如春草蔓延开来。

行走在茫茫的雨色里，思绪如飞燕，转瞬之间飘出了很远很远……其实只是去年的事情，为何觉得那么遥远，如隔了三生三世，也如横了巨大的天堑，因为时光荏苒，纵使只是昨日的光阴，亦是触手不可及。去年的杏花开得比今年的好，茂密繁华，像晴好天气里拥挤的星空，灼灼流光，堆出厚厚一沓粉色烟霞。他还曾撩起长衫，爬上树去为身边温柔婉转的妻子折一枝红杏。

记得那时，她浅笑温言，伸手磨平他微乱的鬓角。春风拂动她鹅黄色的衣袖，也吹落杏花凌如雨，他们站在席天幕地的杏花雨里，若是有仙境，大约不过如是。更何况，他只羡鸳鸯不羡仙。回忆起昨日，便不能回顾起如今，更显得今朝阑珊凄凉，如今燃香自赏的是自己，独坐醉眠的是自己，泪湿青衫的亦是自己，一人独来一人愁，多么逍遥自在的意境，唯独那颗多情的心，依旧觉得痛楚悲凉。

岑参的《逢入京使》里有这样的句子：“故园东望路漫漫，双袖龙钟泪不干。”那也是离别，和家人妻女远隔在千里之外，遇上京中的故人，连忙托人传家书，可遥望着故乡的方向，天地无尽头，那是多么遥远漫长的距离啊，鸿雁传书依稀觉得迟。思念和痛意泛滥成灾，在血液横流的躯体里金戈铁马，那么深重的怀念和悲伤，隔着遥远的时空仿佛也能感受到他被泪水打湿的衣袖，从滚烫到冰冷，在深深的眷恋中凝固成一首苍凉的歌谣。

可岑参毕竟没有失去家人，只要活着，再遥远的距离也有弥合的瞬息，他们终究会等到团聚的时刻。然而容若却没有这样的命运青睐，他的失去，是彻底的失去，永远的离别。失去妻子的次年，他黯然发问：人间何处问多情？后来，他怅然无限地合上双眼，在独自凄凉的西风里独自萧索：当时只道是寻常。为何偏偏只是当时觉得寻常。而在她逝去三年后，苦苦抑制的剧痛再度倾城而出，像是压死骆驼的一根稻草，令他泪流满面：

此恨何时已，滴空阶、寒更雨歇，葬花天气。三载悠悠魂梦杳，是梦久应醒矣。料也觉、人间无味。不及夜台尘土隔，冷清清、一片埋愁地。钗钿约，竟抛弃。

重泉若有双鱼寄。好知他、年来苦乐，与谁相倚。我自中宵成转侧，忍听湘弦重理。待结个、他生知己。还怕两人俱薄命，再缘悭，剩月零风里。清泪尽，纸灰起。

——纳兰容若　《金缕曲·亡妇忌日有感》

那时，她离去已经三年了。

三年，仿佛短暂如弹指一瞬。之于容若，是一千个日夜的煎熬和困顿。他必须克制自己，不许放肆回忆，他甚至不太敢见次子富尔敦。那孩子是她为他延续的血脉，可她也因此染上寒症，很快撒手人寰。她还在的时候，他也常常抱过那孩子，逗他笑，在她母亲的床沿说一些对他的期许和打算。算起来，他只得这么个嫡子，可他如今竟然不愿看到他的眼眸。

容若是生怕自己想起。想起不堪的失去和沉痛的往事。那是重如泰山的巨石，每个日夜都压得他难以喘息。若是她泉下有知，她会怪他吧，不曾像一个父亲一样细心教导他们的孩子，那么她就来吧。像所有怀着怨念和憎恨的魂魄，趁夜而来，入梦相见。可她未来，他这才知道，原来一个人入了黄泉，就是没有七情六欲的，爱恨都已经渺然，只有在世的人才放不下，守不住。

清冷雾色里，容若独坐庭前，孤独而落寞。他的手里还拿着写给她的忌词，其实他想看看，如果他等到地老天荒她会不会悄然出现，带着他一起离开这里。但他知道，她不会来，就像零落的花雨不会再重开。一滴泪，带着隔世的悲伤，沿着憔悴的容颜，缓缓落下。一张纸，一行书，一阵青烟，一场飞灰，如梦似幻。

第三节 无那残香半缕恼多情

康熙十七年，容若托好友顾贞观于吴中刊印《饮水词》，词集面世，未久，盛名起，在当时社会中得到了多个阶层的认可。顾贞观却有慨叹说：家家争唱饮水词，纳兰心事几人知?

是的，在看到《饮水词》的华丽优雅后，有几个人试着去瞧瞧它的背后，读出他的凄凉和悲伤。时至今日，对于文本解读已经到了很高水平，解读甚至是过度解读的事情已屡见不鲜。作者生平没有隐匿的蛛丝马迹，他笔下的文字，亦是被反复剖析、争论、定义……若是容若到了今日，他应该会有许多朋友，许多知音，那么他的一生，或许便不再如此孤寂苍凉。

黄昏又听城头角，病起心情恶。药炉初沸短檠青，无那残香半缕恼多情。

多情自古原多病，清镜怜清影。一声弹指泪如丝，央及东风休遣玉人知。

——纳兰容若　《虞美人》

寂寞总是苍冷如雪，绵延不绝。容若宛如站立在世界最巍峨的山峰，鸟瞰俗世，离烟火人间千万里，却不得其门而入，只能在每一天落日飞霞的瞬间，渴望一缕源于凡俗的温暖。遂，黄昏时分，当缠绵的熏风溶入城头凄凄的号角，惊散寒鸦飞雀，久卧病榻的躯体益发觉得心绪低沉。

这里是边疆。关山万里的暮雪黄沙城，遥遥地和京城相隔迢迢山水。病，异乡，孤独，总是容易摧毁人的意志。想起当年，元稹被贬江陵士曹参军，未久，在他乡染病卧床。此时，又听闻好友白居易亦被贬，一直以来强撑着的丝弦终于砰然断绝，他说：垂死病中惊坐起，暗风吹雨入寒窗。说不尽的萧索，道不明的枯寂。那时的容若，或许也觉得冷。是心冷，犹如死灰，生不出一丝波澜。

以《虞美人》为词牌写就的词，大多是忧伤的，或许是因为这种美丽得近乎妖娆的花，在古时本来就意味着离别和悲哀——这本来是一首唐教坊曲，由于歌咏的是西楚霸王最宠爱的姬妾虞姬而得名。“力拔山兮气盖世。时不利兮骓不逝。骓不逝兮可奈何！虞兮虞兮奈若何！”奔腾的江水涛涛而去，仿佛还在追忆着英雄和美人的悲歌，天悠悠，地茫茫，唯有不断被填唱的《虞美人》，诉说着世间从未停止过的哀愁。

幸福的家庭都是幸福的，而不幸的家庭，却有种种不幸的模样。哀愁也一样，种种的哀愁，都长着截然不同的脸孔，或沉或浅地敲打着雨夜的窗。

最出名的是南唐后主李煜的《虞美人》：

春花秋月何时了？往事知多少。小楼昨夜又东风，故国不堪回首月明中。

雕栏玉砌应犹在，只是朱颜改。问君能有几多愁？恰似一江春水向东流。

——李煜　《虞美人》

李后主的哀愁，是国破家亡的惘然长恨。想来万人之上的一国之君，忽然从金座上跌落，连带跌碎了君王的自尊与骄傲，沦为一介生死不由人的阶下囚，又怎么能不满腹愁肠，如同东流的春水，日夜不息，终年冰冷。

晏几道也有一首《虞美人》，写的是一位信仰爱情的女子，羸弱凄凉的命运：

曲阑干外天如水，昨夜还曾倚。初将明月比佳期，长向月圆时候、望归。

罗衣著破前香在，旧意谁教改。一春离恨懒调弦，犹有两行闲泪、宝筝前。

——晏几道　《虞美人》

她倚着栏杆，望着明月，此夜天色如水，昨夜的月色是否胜过今日，不然为何今夜的自己觉得冷，而昨夜不曾感受到分毫？或许也是因为昨夜有人陪伴在自己的身侧吧。离人的心思谁都能猜得出，她也不过是一个等候故人归的女子，还望日后明月佳期再不相负，免去她夜夜怅惘的苦楚。

上阕的她，还天真执着，以为一心等候，就能等来离去的心上人。她不知道，世上总有些人，可以执子之手，却不能与子终老。时间一滴滴地流走，春去秋来，燕回花落，她终于明白，她等待的那个人，不会再来了……她已被遗弃在转身的瞬间，像是他无心里拂去的一片花瓣，连一丝残香都很快飘散。怨念渐生，恨意终起，曾青春姣好的容颜在时光里无声枯萎去，连当初的心意都渺无踪迹。只有偶然瞥见墙角那架古筝时，她才忆起旧日的点滴光影，回忆越美好，此刻就越残忍，浑不如从未遇见，从未相爱。明镜里，青霜点点，两行清泪，是刻骨回忆里两道入木三分的痛痕。

容若的《虞美人》，更像是一种病弱的惆怅。身染重病，心怀故乡，

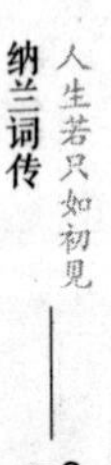

太容易令人陷入惆怅的情绪不可自拔。一声弹指泪如丝，央及东风休遣玉人知。这里的玉人或许指的是远在京城的姬妾——自己染病不起的事情，还是不要说于她们知晓了。她们知道又有什么用处呢？无非是白白添了焦急担忧罢了。这时的容若，是一个远离故乡的游子，是一个旅途苍苍的寂寞文人，也是一个思念亲人思念家庭的寻常男人。

他也想起了一个隐没在记忆里很久的女人，她是他长子的母亲，从名分上来说，是他的妾室。她姓颜，他只称她颜氏。

容若对颜氏的感情，大约是很微妙的。一方面，她出现在他的生命里，是在表妹和卢氏之后。他不可能对她产生像她们一样真挚而热烈的感情；另一方面，她最先为容若生下了长子福格，血浓于水，孩子是父母之间最坚固的桥梁，容若也无法将她当作普普通通的妾室，按照他温和敏感的性情，是无法冷落这样一个女人的。

所以，在遥远边疆看似无边的长夜里，他也想起了这个女人。颜氏是在他婚后一年成为他的妾室的。尽管容若深爱着卢氏，并不情愿纳妾。然而在新婚的头一年里，卢氏并无所出。在最重视子嗣香火的时代，他拗不过阿玛和额娘的压力，只能将颜氏纳入府中。

颜氏的出身至今没有准确的考证。或许她只是出身于一个小吏之家的女子，门庭寒微。或许她也并不貌美，只是普普通通的寻常女子。唯一拿得出手的只是敦厚和善良。这样也就够了，在门第高贵的贵族家庭，做妾室最重要的就是要体贴和不计得失，这才是维持家风清正、家庭和睦的条件。

于是，容若的额娘选中了这个寻常无奇的女子。卢氏也接受了她的出现——一个男人，总是免不了三妻四妾的，何况她并没为丈夫开枝散叶。卢氏的大方，一则因为她性情素来柔婉，二来亦是因为她深知，那个女子，并不是能取悦夫君的人。她确信，这样一个没有背景，没有得到丈夫偏爱的女子，是不会威胁到她的地位的，不论是家族抑或丈夫的心。

颜氏确实无法威胁到卢氏的地位。从一开始，这个聪明的女子就对自己的地位心知肚明，她始终淡淡的，看着容若和卢氏恩爱不已，看着他们吟诗作画，也看着他们益发情浓。怎么看，她都像是一个突兀的存在。她只能将自己化作一个模糊的影子，安安静静地生存在他们身后，淡到没有任何颜色。

诞下子嗣后，她也并没有长出一丝一毫的气焰，依旧平淡而温婉地生活着。第一次当上父亲，容若自然非常高兴。在那时，没有孩子的家庭是不算完整的，可以说颜氏给了他一个完整的家。因为这个孩子，他也似乎看见了她的存在。他第一次生出要好好看看这个女人的想法，因为他们有着彼此共同延续的血脉。

这种感觉非常奇妙。

但他最终还是失望了。颜氏从来都不是他所钟情的那种女子。他所喜爱的女人，是美丽的，有才情的，心有灵犀，红袖添香，那才是他渴望的红颜。而颜氏只是一个寻常的女子，不美，也没有才华，面对夫君的书画或琴声，她只能笑一笑，然后说一句：“真是好。”没有任何华美的词汇。

容若很快将这个为自己诞下过骨肉的女子遗忘，也不能算是遗忘，颜氏的生活始终衣食无忧，他不会在任何地方薄待她，只是他再度将她当作了一堵墙、一盏灯、一扇屏风，对她的存在没有任何异议，也不再有任何期待。而颜氏，也并不为此苦恼忧愁。她只是本分而安静地凝望着他，波澜不惊的眼眸里，偶尔才燃起一瞬光华，瞬间又隐没在宠辱不惊里。

在遥远的异乡，他怎么会突然惦记起她呢？容若不明白，他看着金炉里袅袅升起的烟，陷入一场无声的沉沦。或许他只是惦念起福格了，那孩子长得像他，白净可爱，也很聪明，每次见到他总是很开心，抱着他的腿不肯让他走。或许他是真的惦念起她了，虽然她并不擅长琴棋书画，做事却熨帖妥当。她烫过的衣裳是最平整的，她缝制的鞋子针脚也是最细密的。容若不得不承认，这个安静平凡的女人，其实是最能给予他一种“家”的温暖的。

寻常的烟火人家，或许就是这样的吧。丈夫和妻子未必深刻相爱，却能够相濡以沫，相守一生。他们之间，可能没有爱情，而是由琐碎的柴米油盐积聚出来的亲情。一点一滴，平凡的，随遇而安的，即使渺小，也经得住生活的狂风骤雨。

如果容若出身在平民家庭，而颜氏是他的妻子，他们或许会像一对最常见的夫妻，偶尔吵吵小架斗斗嘴，为孩子上学读书的事情操心，为过年拜礼的事情烦心……然后一起走到最后，就这样相依为命地走完人生。

可他毕竟不是普通的贩夫走卒。他的人生，注定是一场风月幻化的悲剧，凝聚着风的凄冷、花的娇美、雪的忧伤和月的阴晴圆缺。据说，曹雪芹笔下的贾宝玉，是以纳兰容若为原型的，那么颜氏未尝不可以是敦厚的薛宝钗。宝玉对宝钗并非无情，只是那种情感，到底不曾属于爱情。

第四节 月户云窗人悄悄

江南，是许多人心中的一个梦。关于烟水两迷离的天气，关于小桥流水的温婉，关于才子佳人的童话。记得最深的是江南的雨，黄梅时节，五月末，六月初。逐渐杳然的春风吹落残花，几场簌簌的雨便席卷了整个江南：小院，杏花，屋檐，行人……清浅温柔的雨声轻叩门扉，宛如静默茶香里，有人轻轻翻开一卷泛黄的经书，然后低声轻吟：一叶叶，一声声，滴泪到天明。

雁书蝶梦皆成杳。月户云窗人悄悄。记得画楼东。归骢系月中。

醒来灯未灭。心事和谁说。只有旧罗裳。偷沾泪两行。

——沈宛　《菩萨蛮·忆旧》

落雨的江南，从不曾缺少故事。

记得多年前，江南曾有一位温柔洁白的女子，撑着伞，在某个静好的四月天，优雅端庄地，走进了许多人心里。她便是林徽因，她为世人留下了充满爱和暖的芳菲四月天，她和徐志摩之间那段似有还无的情愫广为流传。名人与名人的风流韵事，多年后的多年，亦会被人充满好奇或八卦地提起，津津乐道，乐此不疲。但若沉下心来，平静地翻开她的诗集，你会发现，徐志摩对她的爱并非生于虚妄，而她，也不是众口相传的流言里的样子。

她的心是多么诗意，藏着芳香的玫瑰，酿着醇厚的葡萄酒，织着繁星点点的锦缎和丝绸。一位心怀诗意的女子，总是能将生活过得像童话，像十里春风至此绵延不绝。而在今日这个阳光潋滟紫藤旖旎的时刻，另一个诗意温柔的女子，也打从江南走来，如林徽因一样雅致温暖，却比林徽因，还要更早的更早出现在众人的记忆里。

她也有一个清婉的名字，姓沈，名宛。还有一小字，名叫御蝉。若说林徽因最初被人记住，是因为徐志摩。那么沈宛最初在历史上有存在感，是因为纳兰容若。

康熙二十二年，又是一年春回江南，又是一年岁月荏苒。容若已是将近而立之年的男子。这些年，他跟随着康熙，从三等侍卫，逐渐被擢升为一等侍卫，却从来没被外放为官过。实际上，他也怀着远去遨游建功立业的理想，渴望着能够离开京城，离开父母的庇护。他最想去的地方，是江南。

虽然从未去过那片如诗如画的土壤，但好友顾贞观、朱彝尊等都来自江南，饮酒作乐时，他经常听他们提起他们的故乡——十里湖光载酒游，青莲低映白苹洲。西风听彻采菱讴。沙岸有时双袖拥，画船何处一竿收。归来无语晚妆楼。

与二三好友泛舟湖上，湖光山色摇曳纷呈，宛如旧梦欢喜地迎着故人归来。扁舟宛如湖面上一片碧叶，随风随波恣意地漂荡，最终要漂向何方，都无妨。最要紧的是要有酒，半醉半醒间以湖风濯面，才是人间第一畅快的事情。江南可采莲，莲叶何田田……汀州深处，隐约传来采莲女悠远清亮的歌谣，趁着逍遥的瞬间，如同走入了记忆的低谷，没有烦恼，也没有忧愁，只有朦胧的江南山水，镇住了所有的愁绪。

那是容若梦中的江南，自由，轻柔，自在飞花轻似梦，无边丝雨细如愁。纵使有伤，亦是浅斟浅酌的。那大约是一个疗伤圣地，可以治愈岁月加诸心口的的伤，抚平流年带来的孤独与寒冷。若能去那里走一走，又何其好!

二十九岁的容若祈念着千里外的江南，可以治愈他所有悲伤，殊不知，他和江南的邂逅，正在以不经意的悄然踪迹，婉转而来。

挚友顾贞观送来一卷词集，请他鉴赏。里面有这样一首《一痕沙》：白玉帐寒夜静，帘幕月明微冷。两地看冰盘，路漫漫。恼杀天边归雁，不寄慰愁书柬。谁料是归程，怅三星。

这其中的清秀玲珑，倒令这位贵公子轻轻吟了出来，同是天涯沦落人，这份惆怅，这份相思，大约只有沦落过的人才能感同身受。顿时，有一种叫作“知音难觅”的情绪如滋生的藤蔓，悄悄爬满心头。他合上词集，轻轻摩挲着浅色的扉页，指腹之间，像是燃起了一团闪闪的火焰。

他想起顾贞观临走前，促狭地溢出一抹笑，说：写词的可是个姑娘，姓沈名宛，年方十八。这其中意味，不言而明。沈宛，沈宛。容若似是无意地轻念着这个名字，他不知，在不久的将来，这个名字，将会成为他生命里最后一段真挚而哀伤的情缘。

那年，沈宛自江南入京。这位美貌而才华横溢的女子，一来到京城，就成了众多达官贵人竞相追逐的鲜花。由于同乡关系，顾贞观同她甚是熟稔，容若也因此，终于见到这个一直在他心中激起波澜的小女子。

当如烟如云的纱幕被轻轻遮挽，乌发白衣的女子翩然而来，宛若一个盈盈的梦，就这样出现在容若的生命里。他恍然间，想起温庭筠的那句词：“过尽千帆皆不是，斜晖脉脉水悠悠，肠断白苹洲。”原来江南的女子，是这样温柔诗意的模样，是水中一抹冰凉的细纹，款款地越过青石长滩，滤出一方澄净的白莲。

他觉得，有一尾小蛇，正轻轻噬咬着衣袖，从袖口蜿蜒而上，停留在胸口，倏忽的瞬间，没入了心间。眼前只剩下一对如同远黛的蛾眉，抑或是一双纤细的手，指尖染着妖娆的蔻丹，衬着一张清丽至极的脸，却是无端端地令人血液加速奔流。大约是魔障，也大约是劫难。

史书记载：沈宛，字御蝉，浙江乌程人。著有《选梦词》，适纳兰性德。适，可能是做了纳兰的妾室，也可能只是一个外室。说得好听一些是红颜知己，说得直白一点便是无名无分的情妇。但无法否认的是，沈宛和纳兰容若确实曾经关系匪浅，所以史书也只能用“适”这样的字眼，承认他们之间那段确凿的情缘。

他们相遇时，容若已是而立之年的成熟男子，而她还不到二十。却都是最好的年纪，一个风度翩翩儒雅沉稳，一个娇艳莞尔如梦如幻。外貌的相互吸引，共同的兴趣爱好，决定了他们终将共同沉沦于爱情。只是这段爱，虽然众所周知，却永远无法得到容若背后世家大族的承认。

身为权臣的明珠，不可能将沈宛这样的女子接入府中，正式地给予名分，让她成为长子的妾室。即使是做妾，也得身家清白，家世寒微一些不打紧，颜氏的出身也不见得多么高贵。但那个女子应隶属满军旗，再不济也应该是包衣出身。这些，沈宛都不符合。她是汉家的女儿，自幼长于江南，满汉通婚，那时还是大忌。更何况，她还曾出入烟花之所，陪酒卖笑，周旋于众多男人之间。

可这些，都不能阻止容若爱上她。

出身汉家，那又如何。他从来不在意身份和血统，所谓高贵的血脉，不过一个笑话，用血统来划分阶层，也是他素来不屑的。如若不然，他的朋友里，怎么会有那么多汉人朋友。他也不介意她曾浪迹青楼，因为他了解她，一个能写出那样美丽雅致的诗句的女子，必定有着一颗洁白清澈的心。越过身份的鸿沟，遗忘血液的不同，他们只是茫茫红尘间最寻常的一对男女，一见倾心，愿意用生命中最娇艳最璀璨的年华，来完成这段爱情相守的诺言。

“仗义每多屠狗辈，由来侠女出风尘。”流浪在风尘深处的女子自古以来都是文人墨客争相流传的对象。譬如唐传奇里利落如风迅疾如电的聂隐娘，又譬如英姿飒爽犹酣战的寇白门，抑或因冲冠一怒为红颜被视如祸水的陈圆圆。太多霜白雾浓裹红妆的故事，跌宕在烟火缭乱的秦淮艳色间，正史中忽略了她们的容颜，唯有野史，传唱过那些动人的歌谣。

这段不被家人祝福的爱情，他们坚持了下来。没有名分，不被承认，都好。他无所畏惧，她也不怕。只要能够相守，就不用在乎俗世的惯常。

容若将沈宛安置在德胜门一所外宅里，这里比不上府中金碧辉煌、奢华高贵，却自有一番静谧朴素的气息。庭中有一棵枇杷树，不知是第几任主人亲手所植，时光流连忘返，如今已亭亭如盖。沈宛甚是钟情，她在树下搁置了一张书案，一把琴，一炉香，夜来风静，挑起灯花在树下安静地翻阅书卷。

那时时光真好。这一方小小的庭院，仿佛隔绝了人海喧嚣，浮世波涛，沉浸在这里，仿佛都不知春秋的纵横。他望着庭中枇杷树下出尘脱俗的红颜，枇杷花正开着，泛着浅黄的白，花不香，亦不算细腻纯净，做成花茶，却能止咳，清肺。忽然，树下阅卷的女子抬起脸，娇艳莞尔，清丽的容颜瞬息如雨的气韵，席卷这座红尘之外的小小院落。

真是久违的芬芳，容若凝眸，回想这一场生命的脉络，寻觅类似此刻的静谧与安心。却蓦然发觉，这样的时刻并不多。多年来，他疲惫地随皇帝奔走在天南海北的路上，不是离开京城，就是在返回京城的路上。此身一入仕途，又何谈享清闲。但幸好，他还能再度拥抱如此馨宁的瞬间，填满因倦意而空荡荡的躯体。

第七章 十年·相思·永殇

第一节 枇杷花底校书人

欲问江梅瘦几分。只看愁损翠罗裙。麝篝衾冷惜余熏。

可耐暮寒长倚竹，便教春好不开门。枇杷花底校书人。

——纳兰容若 《浣溪沙》

这首词，容若必定写在同沈宛相守时。因为字里行间，有种“江南”的味道。古人说，与善人居，如入芝兰之室，久而不闻其香，即与之化矣。

有时候，真的很难想象，古人怎么会有那样的灵心妙蕴，想出如此美丽的譬喻——和美好的人居住在一起，就宛如入住开满幽兰的屋子，久而久之，虽然不再闻到动人的芬芳，然而那芳香，已经附着在衣襟之上，好似与之相溶相化般。入芝兰之室，久而融为一体。那么和来自江南的女子同榻而眠，或许容若身上，心里，也晕染了江南的山水，花雨，灵气。

想要问一问江畔的梅花，经年相思累月，可曾因此清减了几分？其实也不用问，不必问，身上的罗衫翠裙已告诉了自己答案。或许有人会问，容若和沈宛不是已经在一起了吗？为何还会有思念之意，相思之苦？

然而，虽然冲破了世俗的樊篱，将沈宛纳为外室，容若却还是宫中的一等侍卫，公务繁忙，他还有另一个家，一个从伦理关系上来说才是“家”的家，那里有他的父母，有他明媒正娶的妻子，还有乖巧聪慧的孩子。对于三十岁的容若来说，爱情已经不是生命的全部了，更多的是责任，还有理想。

但是，德胜门的院落，也并不是他一个来去匆匆的驿站。那也是他的家，需要被妥帖安放温存呵护的家。很喜欢这首词的最后两句：“便叫春好不开门。枇杷花底校书人。”有种脉脉的温情在里面，还有玩心略起的调笑，似乎那个忧伤冰冷的公子，终于卸下了满身忧愁，嘴角泛起了久违的笑意，甚至调戏枇杷花下的红颜做校书人。

那原来指的是唐朝女诗人薛涛。

唐朝是一个强大、巍峨而充满传奇的朝代。历史上，从未有过一个朝代像唐朝一样兼容并包，也没有一个朝代像唐朝一样有井有水处，人人能唱柳枝词。在那个朝代，经济、军事、国力、文化都达到了一个巅峰，而唐诗，更是后世文人永远不能逾越的一个高峰。在这样的环境下，唐朝的女子，也多有才情。上至女帝后妃，下至青楼艺伎，都出现过极有名的女诗人。

薛涛，便是这些女诗人中最为人所认可的一位。出身于官宦之家的薛涛，自小被父亲当作男孩子一样教养，断文识字，样样不少。在她八岁那年，其父薛郧在庭院里的梧桐树下歇凉，他忽有所悟，吟诵道："庭除一古桐，耸干入云中。"薛涛头都没抬，随口续上了父亲薛勋的诗："枝迎南北鸟，叶送往来风。"那一年，薛涛不过八九岁。女儿这样聪颖机灵，薛郧非常高兴，但转念一想，却心冷了半截：迎来送往，南北流离，这说的不正是艺伎吗。

薛郧的预感大约是后人附会，因为几年后，薛郧因罪延祸，贬职四川。从繁华的京城到山瘴偏远的成都，加之心气抑郁，没多久薛郧便染病身亡，只留下弱妻幼女。那年，薛涛十四岁。为了养活母亲和家庭，她不得不自入教坊，做了官伎。很难说这是幸或是不幸，流连风尘，身为女子，确实不幸。然而也正是因为做了艺伎，薛涛才结识了张祜、张籍、王建等当时蜚声内外的大诗人。凭借一身才华，她同许多文人都颇有交情，当时的剑南西川节度使是韦皋，他很赏识薛涛的才气，上书为她奏请了一个校书郎的官职。

自然，这个请求未能得到皇帝的允许。虽然唐朝有过女子为官的先例，但那是在女帝武则天的统治时，而唐朝虽然强盛，男尊女卑的思想风气，亦是无法扭转，身为艺伎的女人在男人眼中，再美丽再有才华，也无非是一个玩物。

即使薛涛并未真正成为校书郎，但此事还是流传开来，时人多以“校书郎”来指代薛涛，诗人王建甚至写了一首诗给薛涛，题为《寄蜀中薛涛校书》：万里桥边女校书，枇杷花里闭门居。扫眉才子知多少，管领春风总不如。称赞她才高八斗，是世间罕见的女才子。

姿容美丽也罢，才华横溢也罢，她终究是一个女人，也需要被呵护，被疼爱，被纵容和珍惜。这或许是所有女人隐藏在心底的愿望，愿得一心人，白首不相离。女人从不贪心，弱水三千，只要有一瓢饮就好。这样简单的愿望，却是薛涛可望而不可即的。她在成都时，历时十任剑南节度使，每一位节度使都对她颇有赏识，可日夜周旋在灯红酒绿、觥筹交错中，谁知道她心底的落寞和孤独？

这位女诗人曾爱过元稹。那是她一生中最真心的爱情，她将她的所有，都献给了情郎。纵使这是一段注定曾经拥有不能天长地久的爱情。那年，她已经四十二岁，是个红尘中摸爬滚打过的诗妓；他还年轻，不过三十一岁，已是监察御史，仕途坦荡，不可限量。他们在成都相守了一年，薛涛动了真情，她对元稹说：双栖绿池上，朝暮共飞还。更忙将趋日，同心莲叶间。俨然已经情根深种。

这场露水姻缘的结果只能是劳燕分飞。一年后，元稹返回京城，薛涛留在蜀地，从此，他们再也没有相见。她隐居在浣花溪，以芙蓉为染料，做出的纸张轻红浅酌，宛如离人红泪，时人称之为“薛涛笺”，因为风雅独特，达官权贵纷纷求取。想必，晚年的薛涛是衣食无忧的。

只是优渥的生活，就能抹去内心的孤寒吗？若真能，她也不必写下“花开不同赏，花落不同悲。欲问相思处，花开花落时”的诗句了。

沈宛不是薛涛，但或许命运曲折的人，总有殊途同归的悲哀。这两位颇有才华的女子，在某种程度上而言，确实殊途同归。薛涛和元稹，相守了一年的旖旎时光；而沈宛和纳兰容若的静好年华，也只得一年的运气。

一年，当真是短暂如飞鸿。数十年都只如弹指一瞬，更何况是一年。况且这一年里，容若也不能日夜和心爱的女子相守。他要行走于大内，要完成一个儿子一个丈夫和一个父亲的职责。他将自己分成许多份，给父亲，给朋友，给妻子，给孩子，最后最隐秘的那个自己，才是给德胜门的那所小宅子的。

难驻青皇归去驾，飘零粉白脂红。今朝不比锦香丛。画梁双燕子，应也恨匆匆。

迟日纱窗人自静，檐前铁马丁冬。无情芳草唤愁浓，闲吟佳句，怪杀雨兼风。

——沈宛 《临江仙·春去》

青皇，即青帝。是传说中五天帝之一，为春之神以及百花之神。沈宛的这首《临江仙·春去》，写在春去夏来的时节。或许是容若很久不曾来探望她，心中孤寂委屈，所有的景色也变得颓废不堪。

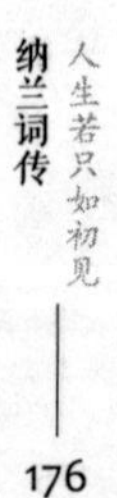

春天去了，鲜花都零落委顿了，就连檐下双飞的燕子，也匆匆飞去。周围是如此安静，悄悄的，只听得她自己的呼吸声，透过碧色纱窗，映出一室静默若水。若还说有什么声音的话，大概是屋檐下因风击而声音琳琅的风铃，叮叮咚咚，像是很远很远的山涧里细流的幽泉。一个人独居，纵使被金屋藏娇，在最美好的年华无人陪伴，终究觉得寂寞。

容若也有词相和，写给他爱过的最后一个女子：

十八年来堕世间，吹花嚼蕊弄冰弦。多情情寄阿谁边。
紫玉钗斜灯影背，红绵粉冷枕函偏。相看好处却无言。

——纳兰容若 《浣溪沙》

他亦是真心喜欢沈宛的。不然不会为她作下如此甜蜜的词。有人说，这首《浣溪沙》亦是他悼念亡妻卢氏之作，其实不然。十八年、紫玉钗，这两个典故出自唐传奇《霍小玉传》里，霍小玉出身青楼，暗合沈宛的身份。这首《浣溪沙》，显然是写给沈宛无误的。

在《霍小玉传》里，望族子弟李益同陇西名妓霍小玉纵情相恋。当时，李益虽为世家子，却还未功成名就。霍小玉生得极貌美，文中说她：若琼林玉树，互相照耀，转盼精彩射人。如此丽人，自然引人追逐。但她亦是痴情女子，易求无价宝，难得有情人，她独爱李益，却深明大义，知道他们之间不会有结果，也不求为妻为妾，一辈子跟随在他身边，只求相守八年。八年之后，缘尽则自去。

李益感激涕零，为自己能有这样一位红颜知己而深感幸运。未久，李益上京赶考，中进士，自此音信全无。霍小玉思念成疾，又得知李益已违背了誓言，另娶门当户对的女子为妻，更是一病不起。临死前，黄衫客拔刀相助，将负心人带到她面前，她悲极而怒，一番痛斥：我为女子，薄命如斯！君是丈夫，负心若此！韶颜稚齿，饮恨而终。慈母在堂，不能供养。绮罗弦管，从此永休。征痛黄泉，皆君所致。李君李君，今当永诀！我死之后，必为厉鬼，使君妻妾，终日不安！

传奇的最后，霍小玉化为厉鬼，令李益与妻妾生出猜忌，终生不得安好。这一出爱情悲剧，又何尝不是当时女子的写照。倾心相爱，付出了自己的所有，只盼望郎君垂怜，莫要令妾如浮尘漂萍，无所寄托。她们的愿望却都落了空，霍小玉化作厉鬼，向李益复仇，可心中又何曾因此满足和快慰，不过是意难平，不过是还放不下，忘不了。

沈宛和霍小玉一样，都是青楼中人。但相比起来，沈宛是幸运的。她遇上的不是薄情寡性的负心郎。虽然容若无法给她一个名正言顺的身份，但只要他还活着，就必然会保护她，珍惜她。只是命运便是那样残酷，不容许人生出一丝一毫的妄想。他们的缘分，竟然那样浅，连一点点贪心都不能。

惆怅凄凄秋暮天。萧条离别后，已经年。乌丝旧咏细生怜。梦魂飞故国、不能前。

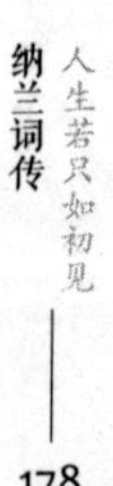

无穷幽怨类啼鹃。总教多血泪，亦徒然。枝分连理绝姻缘。独窥天上月、几回圆。

——沈宛　《朝玉阶》

经年后，沈宛重新流落江南。她离开了那个光风霁月的词人，离开了他们栖息过的小小院落，也离开了她生命中最值得铭记的爱情。

世易时移，此去经年。她永远都不能忘却，他给予她的那些柔软的温存。他是一个很好很好的男子，笑起来很温暖，说的话也很令人心安，他总是会让人不由自主地信任他，靠近他，依赖他。他就是那样一个温柔的人。只是她还来不及说出口，跟他在一起的每一天，她都很快乐。不过还好，她尚且能带着这份往昔的快乐，在不知数量的光阴里，一点点慢慢地老去，直至彼此重逢。

第二节 已经十年踪迹十年心

最早在古诗里看到“相思”这个词，是在王摩诘的《红豆》里：红豆生南国，春来发几枝。愿君多采撷，此物最相思。从此，红豆亦成了相思。又听得王菲唱过：还没为你把红豆，熬成缠绵的伤口，然后一起分享，会更明白相思的哀愁。林夕写的歌词哀婉得很，连转承启合都觉得受了情伤，让人觉得相思最本真的模样，其实就应该是哀愁。

一天，一月，一年。对于现下的饮食男女来说，用年为单位算计的时间，就觉得极其奢侈漫长。生活不易，且行且珍惜，哪还有那么多时间用来与情感搏斗，合则来，不合则散。现代人是干脆利落的，痛苦懊丧也不过短短几日——生活的压力已令人无暇回顾生命的苍白或精彩，唯有夜间入眠时，一声怅然的叹息罢了。

这时候，倒是羡慕极了古人的单纯和赤诚。他们可以用十年的时间来相思深爱的女子，还可以用十年的光阴来悼念一段逝去的感情。苏轼在《江城子》中说：十年生死两茫茫。不思量，自难忘。千里孤坟，无处话凄凉。这是他悼念亡妻王弗的。有人说，写出来的诗词虽然情深似海，实际上苏轼不是很快就娶了王弗的堂妹，身边还有美妾朝云，日子过得很是潇洒呢。

说出来的话和心里想的事虽然有时确实不一样，人如其文的原则也不是在哪里都畅通无阻的，可是我总愿意相信，苏轼在写下《江城子》时心中是酸楚凄凉的，因为相思至极，才能字字都如同泣血。

而读到容若的这一句：背灯和月就花阴，已是十年踪迹十年心。忽觉得鼻子一酸，心里便如并刀破柠檬，冲得眼睛酸涩。

银床淅沥青梧老，屧粉秋蛩扫。采香行处蹙连钱，拾得翠翘何恨不能言。

回廊一寸相思地，落月成孤倚。背灯和月就花阴，已是十年踪迹十年心。

——纳兰容若　《虞美人》

用十年的来怀念一个人，来追念一段情，每个日夜都很难熬吧。况且，那个人已经无法再回到你身边。纵使如苏轼，有了新妻，有了爱妾，总归是人不如旧。容若亦是一样。任凭世间女子千万，燕瘦环肥，羞花闭月，却再也不是心中最温柔熨帖的旧影。

康熙十九年。纳兰容若续弦官氏。

卢氏亡故后，他再没有续娶的心思。正妻这个位置，他想要永远地为她留存着。因为在他心里，并没有谁能取代她，成为他的妻子。古时女子丧夫，要为他守节多年甚至是一生，但男子不受这样的束缚。至多一年，他就可以再迎娶新人。倒是真的“只见新人笑，不闻旧人哭”了。容若为卢氏三年不娶，在当时可以说是一个异类了。但明珠绝不可能容许自己的长子成为世俗中的异类，在他眼中，既然容若是他的儿子，自幼享受锦衣玉食，从无受过俗世烟火的苦，那么他也必须承担起家族的责任——开枝散叶，将家族的荣耀延续下去。

容若的弟弟揆叙和揆方是他成年后，明珠的老来子，年纪尚幼，而两个孙子也都还小，对于明珠来说，家族的传承者还不够多。他给了他三年去平复心情，已经足够了！这一次，他要细心挑选，不能再放纵下去。

明珠为容若挑选的瓜尔佳氏，也就是官氏，门第极高，出身煊赫，是王公贵族家出来的小姐。她的父亲颇尔喷和伯父倭赫，都是位高权重的高官，还是容若的顶头上司，比卢氏的出身，还要高上几分。

他无法反抗父亲的决定。唯一的反抗，就是对这桩婚事的消极和冷漠。他见过太多世代簪缨的贵族女子，因为身份的高贵便觉得自己是高高在上的，根本不会体贴入微，无微不至，甚至连柔声细语都难得一见。她们带着一种与生俱来的趾高气扬，刁蛮而任性。容若对他的第二任妻子并不怀有期待，她只是一个适合当纳兰家族长媳的女人而已，何况，她的适合，仅仅表现在她高贵的背景上。

这是一桩赤裸裸的政治联姻。

官氏的祖父图赖，是跟随皇太极征战天下的名将。这个令人闻风丧胆的名字曾助他大败李自成麾下大将刘宗敏，扬州斩杀史可法，生擒福王朱由崧。可以说他是汉族的魔鬼，满族的英雄。这样的家族，是真正的世家大族，自然是联姻的上佳之选。至于未来儿媳的性情是否柔顺妥帖，对明珠来说，似乎并不那么重要。

果然，容若对官氏非常失望。如果说婚前，他并不曾对她怀有期待的话，那么婚后，他对她是极其失望的。他曾以为，跟她之间虽然无情无爱，却也能维持表面的繁华与和平，他愿意给这个女人身为妻子的尊荣，纵使他并不爱她。她是一个生性任性的女子，做事颇为霸道，多年来养成的性格令她在成为他的妻子后，依旧处事嚣张。

但再骄傲的女子，也渴慕丈夫的温情。容若是二婚，官氏却是初婚。还未出阁的姑娘，也曾偷偷幻想过夫君的模样。她不在意他已经是结过一次婚还有几位妾室的男人，哪个世族的男子不是三妻四妾的？他那样有才华，那样清俊沉稳，对待前妻又那样深情，成为他的妻子，大约也是不错的吧。她想过关于他的许多事情，也设想过未来琴瑟和谐的美好，这些零零碎碎的枝叶藤蔓蜿蜒起来，编织了一个美梦，在美梦的底下，她唯独不曾想过：他的心里已经被人填满了，再也没有容下第二个人的分寸地。

新婚之夜，红烛垂泪。凤冠霞帔的新娘坐在床上，同样一身红衣的新郎推门而入，他的身上，是微醺的酒气。官氏忍不住抿嘴笑了笑，本来就不多的羞涩局促顿时消失无踪。他驾轻就熟地取下她的盖头。眼前视线顿时堂皇地亮了起来，官氏毫不害羞地打量着她的丈夫，一双眼眸，爽快而英气，唯独没有一点温柔似水的影子。

原来她和她，是那样不同的女子。

容若黯然地垂下眼眸，意兴萧索。他想起上一个新婚之夜，新娘似羞还怯的容颜，如一朵纯净的水莲花，登时根植在他心里。他几乎是本能地，便冷落了官氏。那不是他喜欢的女子，而每次相见，她总是能令他想起卢氏，难免就觉得她更加不好。这种恶性循环，加之官氏的父亲和伯父，令容若倍受压力，未免更加不喜这个新婚的妻子。

其实官氏心底亦是一个善良的女子。即使跋扈骄纵，她却是满心地想对容若好。她也是聪明人，看得出容若心底还有着亡妻的地位。不是不心酸怅然，然而再多的伤感，也无济于事。因为爱，便要低到尘埃里，在尘埃里落泪，那是骄傲如官氏，不能允许的。就算深爱，她也不允许自己折损尊严，让旁人看出自己的劣势。表面上，她依旧是那个高高在上的贵族女子，私底下，她开始学着卢氏，温柔待人，也温柔地对待丈夫。

在容若面前，她放下了所有骄傲，学着讨他的欢心，也学着细心照料两个年幼的继子，还忍住嫉妒和不甘心，同颜氏等妾室和平相处，甚至知道他在外面还有一个女人，也生生忍住，不动声色。官氏的付出，容若并不是没有看到。他也深知，她只是一个不得不屈从于家族安排的女子，她也像他一样，在家族存亡之前，只能牺牲自己，她能为自己努力去改掉骄矜的脾气，学着做一个温柔敦厚的主母，已是不易。

但他还是没办法爱上她。

那就是爱情吧。从来都不因理智左右，也不会因为怜惜和愧疚就辗转成爱。那只是一种疯狂到毫无理由的情感，源于最真实的那个自己。所以，在这段婚姻的角逐里，注定了官氏怅然伤心，也注定容若继续沉沦徘徊。

挑灯坐，坐久忆年时。薄雾笼花娇欲泣，夜深微月下杨枝。催道太眠迟。

憔悴去，此恨有谁知？天上人间俱怅望，经声佛火两凄迷。未梦已先疑。

——纳兰容若　《忆江南》

又是一个清冷如霜的夜晚。月色凝结，铺陈于青砖，如一场夜雪无声而来。在窗前独坐了许久，看薄雾凄迷，听落花扑簌，伤心落泪的有谁？在深灯倦烛间流连不去地回忆过往？记忆是无锁的牢笼，随时随地就可以破门而出，重获自由。但是心不愿意，只想无休止地埋藏在往日的欢情里，任由相思堵塞，悲伤淤积。

衣带渐宽终不悔，为伊消得人憔悴。他情愿在枷锁里斩断羽翼，只为一人阑珊清减。天上人间，碧落茫茫，可还寻得到，那个淡缈的身影？温柔已破碎，一颗心也已残损不堪。灯火佛声里，轻声念诵，祈求来世在红尘中邂逅重逢，恍惚里，仿佛又看见她从容的笑意，将阴阳的距离，化作咫尺的遥远。

他没有说话，只是继续在诗词的世界里，怀念着逝去的妻子。官氏无声地看着他逐渐憔悴，却无能为力。她终于醒悟，就算自己做再多努力，他也不能回过头，多看自己一眼。他心里的世界，只得一次珍重，那是给卢氏的。

纵有来生，他也已约定了那个无福的女子。而她，只能是他锦绣人生里，一朵寂寞的锦上花。可究竟是谁负了谁，谁又能恨上谁？皆是苍茫世间的可怜人，相逢何必怨憎。

多么苍白的婚姻。他无言，她亦无奈。错的是命运，错的是时间。她太晚遇上了他，本以为有一生来挽回，可他已等不起，也无心再去品尝一段或甜或涩的爱情。青灯白发，紫夜寒鸦，终究只能是错过了。

第三节 不及芙蓉，一片幽情冷处浓

桃花羞作无情死，感激东风。吹落娇红，飞入窗间伴懊侬。

谁怜辛苦东阳瘦，也为春慵。不及芙蓉，一片幽情冷处浓。

——纳兰容若　《采桑子》

这首《采桑子》，作于纳兰容若十九岁时。表面上，这不过是一首伤春小令。春光流逝，百花凋零，难免心中苦闷。其实联系当时的词人，却另有深意。

桃花羞作无情死，感激东风。满树的桃花纷纷凋落，飘零在纯净逍遥的东风中，从窗角零落如雨。淡淡的香风，惊醒了病榻上的年轻人，亦吹淡了一室药味。病来如山倒，病去如抽丝。容若的身体素来算不上强健，此次病倒，原来是一场风寒，却听闻在病中错过了考试，于是病情倒益发缠绵起来。

不知是否是因为心有不甘，他望着窗外越发黯淡的春色，心中的萧瑟如徐徐生长的春草，长出一片未凝结的冰冷。是不是自己的生命，也即将宛如这逝去的春光，失去了万物复苏的繁华？容若追寻着那一息萦入药间的花香，仿佛不想让这难得的春踪从袖间无声流走，寻觅的瞬间，他发现合身的亵衣已变得空荡，仿佛能掐出一段羸弱。

十九岁，多好的年华！难道自己就要在病榻上度过春天的尾声吗？于是，难免感慨：谁怜辛苦东阳瘦，也为春慵。南朝的沈约，是诗歌音律平仄的开山鼻祖，为诗歌的发展做出了巨大的贡献。据说，他亦是一位面如冠玉的美男子，清雅风流，时人多为之倾心。他曾做过东阳太守，后人也常以东阳代称沈约。一次与友人的书信往来中，沈约说自己近来腰围清瘦，日益清减，便流传成了一个“沈腰”的典故，常出现在诗词中，后主李煜就有“沈腰潘鬓销磨”的句子。

容若却与众不同，只说是东阳瘦。可见，他是在自比沈约。他们皆是学识深厚才华横溢的男子，沈约容颜美丽，容若亦是沉静俊秀。更相似的是他们都是身体孱弱如扶风柳的男人，虽然身负高才，却终究束手于病榻。此时的容若，只以为自己将要在床上度过一生，走马闯南北的抱负都成了空谈，心中自然觉得愤懑忧伤。

明末诗人王彦泓有诗曰：个人真与梅花似，一片幽香冷处浓。后来脱胎换骨，变成了容若笔下的“不及芙蓉，一片幽情冷处浓”。比起原句来，有过之而无不及，可谓是青出于蓝而胜于蓝了。芙蓉，多指荷花。可容若这里的芙蓉并不是指荷花，而是芙蓉镜，就是形状像芙蓉的铜镜。

芙蓉镜也有个典故。传说唐代世子李固在考试落第之后，心情抑郁，遂游览蜀地，遇到一位老妇，预言他第二年会在芙蓉镜下及第，二十年后还有拜相之命。李固次年再参加考试，果然被老妇言中，而榜上恰有“人镜芙蓉”一语，正应了那老妇的预言。

二十年过去，李固也果然如言拜相，至此平步青云。容若说的“不及芙蓉”，显然是说阴差阳错，自己无法参加考试，不能进士及第，可不是不及芙蓉？在朋友欢天喜地庆祝高中的时候，自己却不能踏出房门一步，只能郁郁地同吹入窗棂的桃花做伴，又怎么能不心灰意冷，懊丧至极？

十年后的容若看到十九岁时的自己写下的《采桑子》，或许会寥落一笑吧。不论是谁，都无法预知自己会经历怎样的命运。每个人都只能活在现时，随波逐流地跟随宿命的脚步，去品尝苦涩或甜蜜的味道。毕竟预言李固中举的老妇，只是一个美好的传说。

再多的磨难都会结束，再美的河流都会有尽头。当下感受的每一分不安、恐惧、迟疑、悲伤、快乐、欢喜、甜美……都会在奔流的岁月里被拉成纤长的糖丝，多年后伸手试探，有甜，也有世事沧桑的慨叹。

就像容若，在落笔《采桑子》时，他想不到不久的将来，自己将会邂逅一段最甜最美也最忧伤最痛苦的爱情；也想不到他很快就会实现自己的理想抱负，考中进士，踏入仕途，成为帝王的侍卫和心腹，走遍天南海北；他更想不到生命的终场，他又回到了十九岁时缠绵的病榻，如同一个轮回，他从这里走出去，历经昙花一现般的流尘浮景后，又回到了原点。

十年过去，他已经从十九岁的少年，变成了二十九岁的男人。人生能有多少个十年呢？呱呱落地、稍解世事、弱冠之年、乃至而立……每一个十年，都匆匆如白驹过隙。伸手欲留，却从指缝间无影掠过。如果说一切都是抓不住留不下的虚妄，那么什么是真实呢？

迷蒙间，有一双温软的手，轻轻覆盖上他的额头。温情脉脉，细水长流。他睁开眼睛，看见沈宛站在身前，乌发垂落，一袭绿萝裙，家常而静好。或许，指尖能触摸到的，才是真实吧。她似是看穿他心底所想，浅笑，轻吟：一向年光有限身，等闲离别易销魂。酒筵歌席莫辞频。满目山河空念远，落花风雨更伤春。不如怜取眼前人。

晏殊的《浣溪沙》，说“满目山河空念远，不去怜取眼前人。”留恋往日逝去的悲欢离合，还不如抓住眼前最后一点真实的存在。不论将来，不论过去，只要现在。那时，容若是庆幸的，毕竟命运不曾空负，在自己身边还有这么一个可以相知、可以相许的红颜知己。

她是淡然静婉的。从相识相守以来，自己就对她诸多亏欠。他无法名正言顺地将她带回明珠府，不能给与她一个正式的名分，让她成为府中的一份子。哪个女子不愿得一良人，缱绻一世，以他的姓氏，镌刻于墓碑？她在他的身边，不妻不妾，无名无分，纵使死后也不能埋葬在纳兰一族的祖坟。对于一个女子来说，这意味着生前无依，死后亦不能有所寄托。

但这一切，她都无怨无悔地容忍了下来。她从来没有在他面前表露过一丝一毫的怨恨，只是安之若素地淡然处之。他不来，她就等；他来了，她就为他燃香、抚琴、吟诗、陪他下棋，听他说话。她性情和才华都很像卢氏，但尴尬的处境，令她要承受比卢氏多上许多的非难。

面对这样的女子，容若是不能不生出几许怜惜来的。他心里的空位并不多，给了雪梅，给了卢氏，现在只能给她一部分。但这一部分，已经足够沈宛心满意足。有情人是多么难以寻觅，自己的付出能够得到回应，她已满心愉悦。

阅尽千帆后，历经沧桑的容若终于能安然牵住那双温软的手。此情此景，便是流年他抛，也能为之瞑目罢。沈宛是上天给予纳兰容若的最后一次眷顾，它貌似很仁慈，带走了雪梅和卢氏之后，又让他重新遇上了爱情。他已不是少年人，不再会为了情之一字，如此前一样疯狂迷恋，执意沉沦。没有任何一个女人，可以给容若初恋般的痴狂，或是刻骨铭心的伤痕。

他爱沈宛，爱她的与世无争，爱她的冰雪聪明，也爱她对自己的深情如许。但这份爱，已不够炽热深浓。但若是寻常井水人家，也已足够白头到老，不离不弃。那时的容若，对待沈宛大约是这样的念头吧。纵使她今生无法成为自己正式的妻妾，但他也要温柔以待，照顾她一生一世，不令她有所烦忧，不令她为自己伤心流泪。

他们之间的爱情，像是邂逅一个江南梦。自然地、寻常地就走进了梦中，没有反复的忐忑，也没有纠结的折磨，一切再顺其自然不过。他和沈宛的相爱是那样顺理成章，就如同他们的分离一样悄无声息。他们终究不能走到最后。

一直以为，在纳兰容若的三段情缘中，沈宛是一个最特殊的存在。在经历和表妹的青梅竹马，又经历了和卢氏的缱绻情深后，容若还能爱上她，可见沈宛是一个极其聪慧并且是极有魅力的女人。在和她同居的一年里，容若还有年少貌美的续弦官氏、沉静典雅的侧室颜氏，另有几位莺莺燕燕的妾室，但他的心却始终在沈宛身上，不可谓不爱。

于是，不得不想起《康熙秘史》。那个名叫沈宛的汉家才女，原是鳌拜视若掌上明珠的千金，她和容若本来就是一双璧人，却因为各种原因而分离，以至公子苦苦思念，而佳人生死未卜。几经辗转，时光暗恨，多年后，体弱多病的公子路过江南，偶然踏入一所旧宅，却恍然发现旧宅的主人沈宛，便是自己寻寻觅觅了多年的恋人。

或许，只有这样的前因后果，才能解释清楚容若和沈宛之间的情。是前世一个柳花深处的回眸，是今生一次西湖烟雨的擦肩，是来生一场璀璨烟火的相拥。所有的相遇都是天注定，所有的分离也都是宿命的安排。

如果那一年，他没有翻开她的《选梦词》，心里便不会率先留下她的痕迹；如果那一次，他没有同顾贞观捧她的场，就不会有一见钟情的相遇；如果世界上有如果，那么如果他一向健康，从不会因为一场风寒就错失了考试，那么他的命运，也会不再一样。

如果真的有如果，那我多希望他的来世，不要是一身负担半身忧愁的李寻欢，而是潇洒自在随意行走的阿飞，没心没肺，活得快活，一如他写下的《满庭芳》：

似有猿啼，更无渔唱，依稀落尽丹枫。湿云影里，点点宿宾鸿。占断沙洲寂寞，寒潮上、一抹烟蒙。全不似、半江瑟瑟，相映半江红。

楚天秋欲尽，荻花吹处，竟日冥蒙。近黄陵祠庙，莫采芙蓉。我欲行吟去也，应难问、骚客遗踪。湘灵杳、一尊遥酹，还欲认青峰。

——纳兰容若　《满庭芳》

且吟且唱，且从容，且徐行。看遍人世美景，享尽俗世芬芳。若身边有如花美眷相依相随，那很好；如果没有，那也无妨。一壶酒，一杆竹，一江清波，一城漂泊，只要无忧无虑，做一个快活的人就好。

第四节

红泪偷垂，满眼春风百事非

很多人不明了，悲剧的根源，究竟是宿命的安排，还是性格的使然。这种源于古希腊的戏剧体裁之一，鲁迅先生曾概括为：悲剧是把人生有价值的东西毁灭给人看。当一个人所有的理想、勇气、幸福……都被狠狠打碎时，悲剧，也就应运而生了，这是一个不断失去的过程——恰似容若的一生。

他的一生，都在不断地失去些什么，都是他最珍贵重要的东西，却因为不可违抗的命运，被迫得而复失。虽然这位贵胄公子，看似拥有了寻常人可望而不可求的一切，但行走在繁花烟云里的他，实在是一个两手空空的人。

容若最敬重的父亲，从未理解过他的长子。在位高权重心思极深的明相眼中，这个孩子，始终是令他失望的存在。他那样聪明，从小就显示出过人的天赋，不论是习文还是习武都令他觉得自己家诞生了一个神童，然而随着年纪的增长，这个孩子却越来越不讨人喜欢。他成天跟一帮汉族文人混在一起，作词饮酒，自得其乐，浑然不顾自己在他身上倾注的心血和希冀。

虽然作的词小有名气，但作词这件事在他们这种阶层里，原本就上不得台面。明珠望着长子的目光，时常是恨铁不成钢的。十八岁中举，二十余岁便中进士，行走于深宫大内，多么光明的前程，他甚至老怀欣慰，觉得这个家族即将后继有人。三年过去，七年过去，甚至十年的时光都匆匆流逝，他却还只是一个大内侍卫，和他的预期，着实大相径庭。仕途上无望的他，偏偏却又优柔寡断，沉溺于情。

容若实在是太过重情，早已超越了一般男人逢场作戏的风流，他认定了一个女子便是生死不悔。

而他的父亲亦是没有错，作为一个望子成龙的父亲，他显然是不能愉悦地接受这样一桩事实。

第一次，他不动声色，将外甥女送入宫中；第二次，由于长子钟情的人正是明媒正娶的妻子，琴瑟和鸣，传出去亦是一段佳话，他也就未曾出手干预；第三次，明珠却勃然大怒了。

已经逐渐老去的明相大怒之后，颓然地倒在太师椅上，心中充满了失望。出身于簪缨世族家的公子，却丝毫不以出身自重，跟一帮仕途暗淡的文人们相重也罢，这一次，竟公然金屋藏娇，堂而皇之地将一名汉族娼妓当作珍宝一样宠了起来。

他无法理解，情对于容若来说，是多么的可贵。在经历了两段刻骨铭心的失去之后，容若以为此生至死，他都不会再轻易去尝试爱情。他已是受过两次伤的男人，胸口里那怦然跳动的器官，早已血肉模糊。但命运就是妙手回春的神医，令他再次陷入一段情缘深处，在他垂垂老去之前，在他合上双眼之前。

一位真正温和清雅的诗人，是无法拒绝月老的红线的。更何况，容若就是为了爱，为了情，才辗转世间三十年。他就像是西藏的那位情僧，蹉跎红尘，用永恒的情爱，完成了一次难以磨灭的修行。

这一次，他爱上的女子，宛如生命中的静默月光，温婉地流淌进他的眼里眸间。容若以为，他和她，能够相伴一生一世，却不知，她其实是一只飘忽如灵的蝶，穿越千山万水，跋涉十丈红尘，只为了同他相守一年，而后仓促分离。

他们分离在一个落叶簌簌的清秋时节。分离的原因至今扑朔迷离，谁也不知道为何两个相爱的人会突然天涯一方，就像爱情从来没有出现在他们之间。容人猜想，或许是源于纳兰家族的阻力。一个出身青楼的女子，怎么能够被明相府的公子万千珍重地厮守一处呢？

他是行走在皇帝跟前的一等侍卫，是血脉高贵的佳公子。

她是流落在灯红酒绿的可怜之人，是身如浮萍的弱女子。

像不像一个恶俗言情脚本的剧情？于阶级的巨大悬殊处产生剧

烈矛盾，而后真挚的爱情可以让他们攻克所有堡垒，最后高唱凯歌，迎来一个光明美好的结局。可历史毕竟不是剧本，不会兼顾看客的心理感受。正如现实和理想往往难以兼容，容若和沈宛，终究未曾携手白头。

这段爱情，抵不过容若父亲威严的逼迫——身为权臣，想要在其中动什么手脚，实在太过容易；也抵不过源于世俗的巨大压力，或许是母亲的以泪洗面，或许是妻妾的苦苦哀求，也或许是年幼无知的儿女不经意的一句话。大约是容若爱得不够深，在人生的天平上，一端是家族和血亲，一端是爱恋的小女子，孰轻孰重，一望即知。在两难到极致的时刻，他终于做出了取舍。

或许事实也并不像我们想象的那么残忍，虽然身份的阻隔有一定的因素，但请试想，纳兰容若是多么深情的一个人，突兀地抛弃，并不像是他会做的事情。唯有一个原因可以解释他为何那样仓促送走沈宛，远远地将她推开。沈宛离开之后五个月，容若与友人饮酒，酒引发了旧症，回到家后，他便一病不起，缠绵病榻，七日后，猝然离世。

也许，容若是知道自己大约要不久于人世，既然注定无法白头，又何必将她留在身边，继续耽搁她的青春韶华，令她伤心痛苦？爱一个人，就要学会放手。这个道理，他之前从来不明白，但现在，他知道了，便决定放开沈宛，给她来去的自由，让她回到原先生长的地方，重新开始人生。

如果他可以长命百岁，那么他愿意一力承担所有的怨恨和罪责，宠她爱她，护她周全，宁愿她在笼中做一只无忧无虑的金丝雀。但他已不能得以天年，他的金丝雀，应该在失去觅食能力前，回到她的晴空之下。

他算好了一切，唯独忘了问一问她：是否愿意离开他。

而今才道当时错，心绪凄迷。红泪偷垂，满眼春风百事非。

情知此后来无计，强说欢期。一别如斯，落尽梨花月又西。

——纳兰容若　《采桑子》

那天，酒后微醺，红烛泪暖，茫茫的深色苍穹上迸落一两点星子，他借着酒意，对她说出分手的话。理由是什么呢？无非是厌倦了，不再爱了，或者是他发现自己根本不能忘记卢氏，他们两个在一起非常不合适。分手的理由要多少有多少，但为了让她离去，他必须挑选最伤人的那几个。

沈宛久久不曾说话，许久忽在唇边化出一个苍凉的笑：以色侍人，焉能长久？

他以为自己在经历这么多年的风霜尘海，早已锻炼出一副钢心铁魄，不会轻易难过和心痛，然而，在听到她那样惘然枯寂的自嘲时，心口如被冷锐的指尖倏然划过，溅落了血，沉下了痛意。他什么都不能说，解释和挽留，一切就将前功尽弃——她有什么必要陪在即将死去的人身边呢？家族和亲人会为自己装殓，哭灵，落葬，但她陪伴了自己那么久，或许最后父亲连祭拜的资格都不会给她吧。他知道死亡带来的痛苦，所以不愿她也经受跟他一样的痛苦。

夜深沉，几许寒鸦的悲啼，如他胸臆间无能为力的呐喊。沈宛深深地望着他。她没有哭泣，如被根绝了七情六欲的人，不悲不喜，不怨不憎，唯独一双曾柳媚花娇的眼眸，冷寂了星芒，枯死了热情。她起身，道别，静如止水。

妾身此去，今后，还请公子善加珍重。

沈宛旋即离去，回房收拾行囊。要收拾的东西不多，她带着一个小小的包裹来，也带着这么个包裹走，他给她添置的东西，她什么都不要。很快，她收拾好了一切，走出房门，离开了这个曾有无限美好的地方。

听着轻微的声音直至无声，他知道，这个院子又剩下他一个人了。夜深人静，他的心中却在狠狠撕扯着，有一头叫作怨恨的恶狼，蚕食着他的理智和冷静。为什么不是旁人，而是他必须要接受这样残酷的现实，必须要在所爱之人面前，做一个冷情的薄情郎？他的命运，为什么会是这样子的？

死别，他尝过；生离，他也接受过；这次违心的离别，却是被自己生生斩断的情。他伤害了一个无辜的女子，同时也伤害了自己。

此后长夜，他的心酸难过，又更与何人说？不，什么都没有了。他已经亲手掐断了所有幸福的可能。执手相看泪眼，他连这样的机会都狠心地不给自己。只为了她能够决然而去，拥有一段崭新的人生。

若是她能代替他像一袭飞燕一样自由，在江南的烟水清润里舒展如故，那么，会对所有的苦涩、辛酸、怅然和寂寞他甘之如饴，也会去从容接受今日铸成的错，以至结出的追悔深怨的果。

第八章

韶华·归程·初心

第一节 西风多少恨，吹不散眉弯

《临江仙》这个词牌最初是吟咏水仙的。说起这种秀雅芬芳的水生植物，极容易想起一个希腊神话。传说希腊神祇中有一位极美的少年，自他出生便有神谕说：这孩子终生不能看见自己的面容，不然便会因此而死。父母收去了一切可以反光的东西，少年才平安地活到成人。

但他知道自己的美貌是最大的武器，他走过泉水，水花便会吟唱出更美妙的歌声；他走过花田，鲜花便会为他送上更甜美的芳香；他走过姑娘身边，赞美爱慕的声音更是络绎不绝。所有年轻可爱的女仙都爱慕他的容颜，却没有一个姑娘能打动少年骄傲自负的心。因为美丽，所以他看不上任何一个人。

一位被他残酷拒绝的少女出于恨意，立下了恶毒的誓言：他有朝一日要爱上一个求而不得的人，也让他尝尝被人伤害的滋味。果然，少年爱上了一个永远也得不到的人——自己的倒影。他追逐着水中的影子，日夜发狂，却永不能拥抱她——倒影能够给予他爱的回复，却不能予他厮守的坚贞。终于有一天，他想试着拥吻水中的倒影，不幸溺毙在水中。可笑而绝望的爱之后，少年死去的水中，开出了异常馥郁的水仙。

在土耳其语中，水仙的花语是“不要忘记我”。这种爱，多么炽热而疯狂，纵使沧海桑田，纵使生死轮回，纵使两相厌弃，也请不要忘记，只要留存着一个角落。多年后，《临江仙》这个词牌也不仅仅只吟咏水仙，但那份清狂孤独的爱意，却如同渗入了词牌间每一个音韵的转折，如同生死相随。

飞絮飞花何处是，层冰积雪摧残，疏疏一树五更寒。爱他明月好，憔悴也相关。

最是繁丝摇落后，转教人忆春山，湔裙梦断续应难。西风多少恨，吹不散眉弯。

——纳兰容若　《临江仙》

容若这首《临江仙》，歌咏的是寒柳，其间的精魄，却是思念和追忆。上阕说：柳絮和飞花去了何方呢？哪里都寻不到它们的踪迹，像是上天遁地无影无踪，仔细一看，原来是被层层的冰霜白雪摧残消融，只留下疏冷的一树，瑟瑟摇曳在寒风中。

如此凄冷的景致，于容若笔下，更多了几分清寒婉转，酷暑天气为之一读，倒觉得仿佛心自生凉。而后笔锋一转，涌出几丝情意：纵使憔悴不堪，也独独痴恋向往着皎洁的月光。

爱他明月好，憔悴也相关。这才是真正的纳兰词，情深如海，一往无悔。这亦是他心境的写照：就算病弱孤寒如斯，也渴望着有明月光，温柔地照拂在心上。若说上阕还有隐晦的温柔，下阕便真正走进了内心的追思。“湔裙梦断续应难”中有一个典故出自《北齐书·窦泰传》：“泰母期而不产，大惧。有巫曰：‘渡河湔裙，产子必易。’……泰母从之。俄而生泰。”该典故暗合卢氏生子难产而故一事，他还深深地怀念着亡故的妻子，那么本就恨意深重的西风，又怎么能解开眉间的清愁呢？

此时，他还未遇上沈宛。还沉浸在对亡妻的执念里。可执念淡去，新生爱意，令他重置心境的那个女子，却早已杳然而去。

容若不是不想念沈宛。相守的时光如此短暂，匆匆得如繁花雕琢下的一个梦。可这个梦太真实，已深深地嵌入灵魂。初尝情爱的少年，将爱情看得如若生命并不难，因为他还没来得及，被世俗磨平棱角，将一颗原本柔软的心在各种冷暖事情里磨砺得坚硬无比，刀枪不入。越是年纪见长，动情动心，也就越难。容若早已不是情窦初开的少年，像他这个年纪的男子，若是动情，那必然是真心实意的。

欹角枕，掩红窗。梦到江南，伊家博山沉水香。

浣裙归晚坐思量。轻烟笼浅黛，月茫茫。

——纳兰容若 《遐方怨》

她离开之后，他再度陷入了无尽的空虚。许多漫漫的夜里，他梦到了江南，她的江南。水乡多美呵。梁下飞燕，巷中青石，一场烟雨袭来，隔夜一盏舒凉。走在蜿蜒巷弄里，他宛如幽魂辗转漂泊，看见白衣的女子，穿过弄堂，走进沉水暗香的小院，素手洗濯衣裳。小院里青苔滋生，斑斑点点的绿意，她洗好衣服，晾在天空下，静静地坐在院子里，望着遥遥的碧空，犹自出神。

暮色四合，苍茫的灰落在她秀气的侧脸旁，氤氲成淡雅而缥缈的水墨画。月色茫茫，张九龄说：海上生明月，天涯共此时。不知道远方的他，是否也在跟他看着同一轮月亮。这种想法一旦生起，眉间未尝便笼上了淡淡的薄烟，晦暗下来。

睁开双眼，眼前不是江南小院，也没有那个素裳女子。容若这才发觉，原来自己又做梦了。古话说：日有所思，夜有所梦。思念堆积成夜间的梦魅，仿佛也可以缓解胸口苦涩的相思。只是不知道这一生，还有没有机会，能够再见她一面。

遗憾的是，他们的缘分就终止在那一刻。他垂泪不忍挽留，而她黯然闭门而去，从此天涯陌路，再不相逢。她甚至没有见到公子最后一面——也不知道公子在生命中的最后一瞬，是否曾后悔，亲手将她推开。

容若应该是后悔的，不然他不会说出“而今才道当时错”的话语，也不会彻夜梦到她的身影，但是说出的话，已经如泼出的水，没有转圜的余地。而他日益干涸的身体，也没有给他机会去挽回错过的一切。或许，若容若泉下有知，最悔恨的是不曾发觉她的异样——在她离去之时，她便已经身怀六甲。

纳兰容若去世后，未久，身在江南的沈宛生下了他的第三个儿子：富森。这个孩子不若他们的父母，薄命而凄凉，他倒是纳兰家族中有福气的人，一直活到了乾隆年间，还曾参加过乾隆帝的百叟宴。孩子刚刚降生，明珠便派人前去江南，带回了长子的遗腹子。虽然他的母亲卑微低贱，但毕竟是他的孙子，纳兰家的骨血，怎能流落在外，不认祖归宗呢?

但他的母亲，却断断不能留在他身边，位高权重的宰相断绝了这个弱女子最后的念想。骨肉分离的时候，沈宛抱着襁褓之中的孩子，亲了又亲，泪水不断落在婴儿稚嫩的脸上，于是婴儿也号啕大哭起来，仿佛知道自己再也不能见到亲生母亲。

她是不能反抗的，渺小的她就像是一粒尘埃，高高在上的权相伸出拇指就能将她碾碎，而容若也已经去世，这个世间，不会再有人保护他们母子。何况，孩子回到明珠身边，对他来说，才是最好的。他不必跟着母亲到处漂泊，不必被当作私生子受尽冷眼，也不必跟着她吃苦受罪。如果他可以有更好的人生，当母亲的又何必成为他的绊脚石呢？

沈宛放开了手，眼睁睁地和自己的孩子诀别，永不相见。

母子分离之后，沈宛再无音信。她像是石沉大海一样，消失在人世间。或许，她已心灰意冷，离开了江南，去往别处谋生，幸运的话，她还可以碰上一个良人，心地柔软善良，不介意她的过往，就这样安静而平淡地生活下去。而她也渐渐地在葱茏的时光里，淡忘了深爱过的男子，化作一个苍白而深刻的名字，正如他所希望的那样。又或许，她已经紧闭了心门，梨花月色，漠漠白鹭，都不能打开一丝缝隙，在悠长得如被拉了丝的年华里，渐渐凋谢。

可不论如何，属于她的，最好的时光，都已过去。唯一值得庆祝的是，他们曾经相爱。不知道后来的沈宛有没有看到一卷《侧帽集》，当她读到这首《遐方怨》时，心里会不会涌起巨大的悲恸和哀伤——原来她曾那样真实地出现在他生命里，也曾给他留下过那样深刻的记忆，那被遗忘在过往的美好，并不是她一个人在怀念留恋。就算是死，她也再没有遗憾了。

第二节 雨歇微凉，十一年前梦一场

日薄西山，流年残途。很难想象，这些词汇能用在一位三十岁的男子身上。三十岁，对于男人来说，恰好是最好的时光。不像二十岁一样青涩，也不似四十岁一样看透世事，三十岁刚好处在一个恰当的年纪，一切都恰到好处，容貌，阅历，谈吐，品位，前途……

然而，三十岁的容若，写下的词句，却已透出了残年的沧桑，宛如看穿俗尘大梦破三生。因此，当读到这首《采桑子》，心中总会涌动一种叫作哀伤的旋律，一如望见青苔斑驳，流水惆怅。

谢家庭院残更立，燕宿雕梁。月度银墙，不辨花丛那辨香。

此情已自成追忆，零落鸳鸯。雨歇微凉，十一年前梦一场。

——纳兰容若　《采桑子》

谢家庭院残更立。是“旧时王谢堂前燕，飞入寻常百姓家”的迷惘叹息，当年故里繁华，十里洋场，那些辉煌如锦绣的岁月都已流逝无声，曾衣香鬓影的钟鸣鼎食之家，也失却了往日的洋洋排场，夕阳落幕，淡漠的余晖飘洒，落在如今萧瑟的庭院里，徒然增添凭吊人几缕愁肠。来去的飞燕，窝做在了精美的雕花壁梁，旧日月上时分，孑然几许黑影，疏疏映出墙角几株残花，像是时间还来不及抹去的过往痕迹。

此情已自成追忆。化用了李义山的“此情可待成追忆，只是当时已惘然”。义山感慨年华空负的诗句，到了容若笔下，不过是一缕情思，飘飘荡荡，无根无凭，徒负一生相思。往昔的爱侣如同被迫分散的鸳鸯，在雨后寂寞长叹，原来这十一年，不过是一场梦，一场空。如何还能追忆当年“只羡鸳鸯不羡仙”的自得？想来，大约字字是伤。

他想起了唐时山水诗人王维。那位仕途上还算顺利的诗人，在感情上，亦是求而不得，最后只能遁入空门，用佛理禅意，来化解心中的积郁。史书上说，王维丧妻三十年，终身再无续弦，无妻无子，一生孑然。他失去妻子时，才三十一岁，正当壮年，又是当时著名的诗人，前来说亲的媒人络绎不绝。他谢绝了所有的好意，从此茹素衣寡，像是为死去的妻子，守护他们的爱情。但三十年间，他从未有过任何悼亡的作品，不若元稹，不若苏轼，或许是已心冷至绝望，或许佛理化去了他的怨怒爱憎，他就那样淡淡地，过了一生。

不念，不往，不纵，不记，未尝便不痛。

王维曾在致弟弟的诗中写道：

寓目一萧散，销忧冀俄顷。青草肃澄陂，白云移翠岭。后沔通河渭，前山包鄢郢。松含风里声，花对池中影。地多齐后疟，人带荆州瘿。徒思赤笔书，讵有丹砂井。心悲常欲绝，发乱不能整。青簟日何长，闲门昼方静。颓思茅檐下，弥伤好风景。

——王维　《林园即事寄舍第紞》

不愿提起故人名姓，也不愿回忆起当初花好月圆的夜色，可生离死别的痛，已经深深镌刻在心间。某个山清水秀的相逢，某次风花雪月的转身，或是某天莺飞草长的触碰，泪意便难免，残酷奔涌。他的怀念、追忆、痛楚都像是没有声音，却用一生完成了这种思念。

容若自嘲般地笑了笑，他不是王维，他抵不过世俗的流言，甚至抵御不过父亲的重压，原本想守护亡妻的灵魂，却不得不续娶官氏。原本想要保护沈宛，令她一世安好，却眼睁睁地看着她绝望离去，甚至不曾好好告别。他不是坚贞的王维，只是一个尘世里想爱又爱得懦弱的男人，如果可以比较，他或许更像陆游。

红酥手，黄縢酒，满城春色宫墙柳。东风恶，欢情薄，一怀愁绪，几年离索。错，错，错！

春如旧，人空瘦，泪痕红浥鲛绡透。桃花落，闲池阁，山盟虽在，锦书难托。莫，莫，莫！

——陆游 《钗头凤》

世情薄，人情恶，雨送黄昏花易落。晓风乾，泪痕残，欲笺心事，独语斜栏。难，难，难！

人成各，今非昨，病魂常似秋千索。角声寒，夜阑珊，怕人寻问，咽泪装欢。瞒，瞒，瞒！

——唐婉 《钗头凤》

山阴沈园壁上，至今还留着这两首《钗头凤》。一首出自陆游，一首则是前妻唐婉相合之作。世人传为爱情神话，却不知道有多少人，看到了这个故事背后，那柔弱女子回首流下的泪。

据说，陆游和唐婉是表兄妹，自幼青梅竹马、两小无猜。成人后结为夫妻，恩爱情浓。如果故事停留在此刻，那该有多么圆满。相爱的两个人终成眷属，生儿育女，平平淡淡地度过此生，然而命运却刻意要造就一出爱情悲剧。未久，陆游的母亲看儿媳不顺眼，加之有人算出唐婉命格八字会使陆游不利，硬是逼迫儿子休弃妻子。那是“孝”一字压破天的年代，再深爱亦是母命难违，陆游情急之下，表面上休弃了唐婉，暗中另置别院，将唐婉安顿在那里。

好景不长，陆游母亲发现了儿子的小九九。勃然大怒之下当面要求陆游将唐婉送回家，又马上为他娶来了中意的新妇。事情奈何已成定局，这对深爱彼此的小夫妻只能洒泪长诀。他年，他有新妻，而她也再嫁为他人妇。唐婉新嫁的丈夫赵士程是个善良的男子，他不介意妻子的过去，也不在乎她心中的芥蒂，一心温柔呵护，终于让她走出了过往的伤疤。如果命运没有让他们再度重逢，或许就这样合上也未尝不是一个美满结局——至少每个人都还是幸福的，纵使它有伤痕，有残缺。

几年后，陆游和唐婉重逢在沈园。积年不见，他们都像是变了模样，但彼此愕然相望时，却都知道，原来他们都不曾忘记过彼此。奈何如今，罗敷有夫，使君有妻。望着唐婉离去的背影，陆游悲从中来，感叹姻缘错落，大笔一挥在壁上写下一曲《钗头凤》，潸然而去。后来，唐婉看到了这首《钗头凤》，往昔点点滴滴的美好和怨艾流淌出心怀，也和出一首《钗头凤》。未久，积郁成疾，竟撒手人寰。故事到这里，并未结束。多年后，陆游重游沈园，看到壁上题字，忆起往昔爱恨，不由唏嘘凄凉，作下《沈园》二首。其中有一句：伤心桥下春波绿，曾是惊鸿照影来。

每一段悲伤爱情的终局，不外乎是生离或死别。容若与沈宛，何尝不是迁徙千百年的陆游和唐婉。若有来生，他愿意背负起此生沉重的原罪和相思，在她面前祈求原谅——她会懂，懂得他的无可奈何，懂得他的逼她离去的真实原因。其实不用来世，他的不得，他的苦衷，她一直都懂。

她忘记了自己是怎么离开京城的。那个阴雨如泣如诉的冷天，街上的行人似乎很少，她茫然地走在大街上，看不见路，望不见方向。灰蒙蒙的苍穹下，掠过一行凄惶的雁，哀啼着隐没于天际。无根如漂萍，无形如鬼魅，她之于此地，何尝不是一个匆匆过客。这里，终究不属于她，正如容若，也从不曾属于她。

回江南的旧路，不过一年光景，有的地方，却也变了。野村外的小客栈换了名字，石头城的繁华却更胜往昔。有些地方，却还是原来的模样，雨后芭蕉，青灯烛火，十里烟雨，都还是旧日的容颜。

这些地方，都是她走过的地方，她曾很想很想跟他一同再走过，跟他说说昔年江湖漂泊时的故事，遇上的人，唱过的曲，都跟他讲一遍。她以为岁月这样长，总会找到机会，却不知道岁月虽然长，缘分却那么短。

不知觉，流年已偷换。离别已经年。不知他过得还可好？想必不错罢。和家中的矛盾，总归是少了自己一个。

这些日子，她想了很多事情，也渐渐明白他的用意。他大约是希望自己在一个他不知道的地方，平静地生活下去。他那样苦，她却毫不知情。多想在梦境里与他相见，释然地告诉他，她一点也不难过了，只是心疼他，也希望他过得好。

在天愿作比翼鸟，在地愿为连理枝。这个愿望，今生已不能成，只求来生，一偿夙缘。但愿那时，她是寻常人家的小女儿，他是对面门当户对的小儿子，自幼郎骑竹马来，绕床弄青梅。再也没有门第的隔阂、身世的悬殊，宛如天堑一样亘绝在他们之间。今生未尽的姻缘，那么便来生再续吧。

经年辗转，她早已不恨不怨。其实她从未恨过他，她恨过的只是命运造化，太弄人，太残酷。而今，她也不恨了。他希望她活得一如往昔，平静而淡然，收敛所有的伤心，淡化心口的哀愁，做一个平凡的女子。那么，她愿意如他所愿。

第三节 人生若只如初见

若人生里所有的相见或相爱，都只停留在那一刻——简直美好得像阿拉丁神灯对不对？只有初见的欢喜、芬芳、甜美，还有胸腔那颗心乱了节拍的跳动，天气一定也好，四月泥土清香，泥融飞燕子，沙暖睡鸳鸯。

可是这样美好的愿望，却出自太过凄怆的后来。

人生若只如初见，何事西风悲画扇。
等闲变却故人心，却道故人心易变。
骊山语罢清宵半，夜雨霖铃终不怨。
何如薄幸锦衣郎，比翼连枝当日愿！

——纳兰容若　《木兰词》

因为后来唯有生生世世不灭的痛苦，深入骨髓的伤痕，梦魂也难得相依的泪，所以才怅然地祈愿，就将时光定格在初遇那一刻吧。不前不后，不早不晚，只要那一瞬间。不论心动或淡然。

其实这首词是容若以一位女子的口吻写就的，笔调凄然，哀怨为何世事易变，海誓山盟过的情也容易生变。

古来许多文人都爱好用女子口吻写诗写词，飘逸豪放若李太白，也曾写过：燕草如碧丝，秦桑低绿枝。当君怀归日，是妾断肠时。春风不相识，何事入罗帏。写的是一位女子对夫君的思念，看见美景依稀，都恨它们不识相——谁让自己受尽相思苦楚时，它们却还能如此明媚璀璨呢?

诗人们站在女子角度写的诗词，其间的女子形象，大多是“思妇”，再不然，便是“怨妇”。这也不怪他们，思念和怨恨的情绪在女子身上时常显而易见，就连女性本身也愿意写这类诗词。一直以为，在容若之前，写这种“闺怨词”写得最曲折动人的是晏殊。

槛菊愁烟兰泣露，罗幕轻寒，燕子双飞去。明月不谙离恨苦，斜光到晓穿朱户。

昨夜西风凋碧树，独上高楼，望尽天涯路。欲寄彩笺兼尺素，山长水阔知何处。

——晏殊　《蝶恋花》

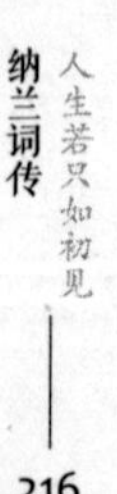

词中的女子，大约是韶华当年的美人儿，呵气如兰，吐气如雾，有一双盈盈的眼眸，恰似横流的水波。美人住的地方也很美，盛开着菊花，芬芳着兰花，可见这还是很有生活情调的美人。然而，生活在这样如梦似幻的环境里的她，心绪却低落至深渊。

夜露带着流转的寒气，悄无声息地侵袭这座幽境般的庭院。明月无知，根本不知道离别的相思是多么的痛苦。在记忆的囚牢里，你的气息还萦绕在杯盏之间，宛如从未离去。心口迸裂出名叫相思的红豆，在无声的寂寥里悲伤零落。

昨夜阑珊时，西风暗自偷来，凋谢了庭前一树碧色。今夜，趁着一地落叶窸窣登楼，月色冷若冰霜，徐徐照映出孑然的影子，仿佛顷刻间就会消融如烟云。危楼高百尺，手可摘星辰。站在这样的高楼上，浮云在身侧萦绕，星辰在眼前璀璨，月色都貌似近在咫尺，是恣意撕扯的锦绣绸缎。天涯有多远？你是否就行走在某个天涯，青衣白马，风霜濯面，遗忘了身后谁的苦苦思念。相思太深，太重，薄薄的一袭纸，似是说不尽，道不完。捧着还未干涸的墨迹，惆怅又袭上心头，这封信又该寄往何处呢？

灯花不堪剪，尺素不堪寄。或许世间每一种相思，皆是举重若轻。藏在心里的这种寥寥的思绪，是一盏琉璃灯的清光，充溢流淌，照亮所有阴冷的角落，直至布满心间。它是她从心底流离的香，亦是他风袖间深藏的情。借用女子口吻诉衷情，道相思，又何尝不是男儿气概下一个缱绻的梦？

纳兰容若写《木兰词》时，想起的又是谁？是聪敏灵动的表妹雪梅，或是温婉慈柔的卢氏，抑或是才情芳华的沈宛？每一个女子，都宛如停驻栖息在他生命中的蝶，扑散一次蝶翼，便掠成他心间的一道伤。他祈求和她们的每次初遇，都只如同初见，只有惊艳满怀、情生意动。后来的凄凉惨淡、是是非非的别离，他都不忍回顾。

这是一首拟古之作，亦是一首决绝之词。你若无情我便休，女子刚烈起来，亦是难以抵挡。但她们所有决绝的背后，也无助地流过泪，半夜惊魂未定，唯恐他变了心，弃了情。决绝并非一朝一夕的冲动，却是日日夜夜满心期待后逐渐干涸的欢喜，日渐冰冷、尖锐、寒厉，终于磨成吹发即断的匕首，足够斩断情丝前尘——是什么将昔年温软可爱的小女子，磨砺成冷锐粗粝的妇人，冷冰地掷地有声：闻君有两意，故来相决绝。

就像是《天龙八部》里的马夫人。过往是一个在情郎怀中温言软语娇声问君的女子，再相见，却是毒辣狠心的恶妇。从前，她闺名唤作康敏，安康而聪敏，端得娇憨可怜。多年后，无人记得她从前的名字，也很少人知道从前的她，多么娇娆可爱。再出现在人前的她，被尊为“马夫人”，手段狠毒，心思奸猾，作奸犯科起来简直炉火纯青。

可她也未必愿意当一个人人畏惧厌憎的夫人。如果可以，谁不愿意被妥当保护，细心收藏，视若珍宝地纵容在心间，一世都不用谋划什么，至白发苍苍时，也能流露出少女清澈的目光，和娇柔的笑意。

仿着女子口吻的容若，那一时，仿佛彻底走入了那些被情人不幸遗弃的女子心间。何事西风悲画扇。其间有一个典故，说的是汉成帝的班婕妤。

出身书香门第的女子因才德出众，入选宫中，深受太后和皇帝的敬爱。男人的爱分很多种，有敬重的，有蛊惑的，有欣赏的，也有溶入骨髓断断离不开的。汉成帝对班婕妤的爱，也有怜爱，但更多的是欣赏和敬爱，疼她知书达理，敬她进退从容。但这种爱，对于男人来说，不够有魅力，不够致命，不够熨帖在心头，妖娆如蛇，缥缈如魅。所以，当窈窕娇艳的赵飞燕出现时，便立刻夺去了皇帝的宠爱。三千宠爱在一身，但赵氏飞燕还是不满足，她故意构陷班昭，乃至班昭避祸太后宫中，自此不问后宫事。从此，宫中赵氏姐妹独大，霸占着皇帝，日夜不休。

而班昭，只能长伴青灯古佛，凄凉地度过余生，她偶尔也回忆起当初的情爱，提笔写下哀怨的诗句，一如她的《团扇歌》：新制齐纨素，皎洁如霜雪。裁作合欢扇，团圆似明月。出入君怀袖，动摇微风发。常恐秋节至，凉意夺炎热。弃捐箧笥中，恩情中道绝。

向来是，只闻新人笑，不闻旧人哭。身为男子，容若却能体察到女子的无助、悲哀、无可奈何。因为他骨子里，有着文人的悲悯情怀，也有着多情人善意的多情。所以他接着写道："骊山语罢清宵半，夜雨霖铃终不怨。"《太真外传》中有所记载，唐明皇与杨贵妃曾于七夕之夜，在骊山华清宫长生殿里山盟海誓，愿生生世世为夫妻。谁料后安史乱起，明皇入蜀，被迫无奈下，于马嵬坡赐死心爱的女子。杨贵妃死前曾说："妾诚负国恩，死无恨矣。"经年后，皇帝旧地重游，途中闻雨声，铃声而心生悲意，遂作《雨霖铃》，纪念他们的爱情。

在家国之前，一个女子的爱恨，渺如蜉蝣。她们的真，却是乱世里开出的最瑰丽最纯洁的花。因为深爱，所以即使被遗忘抛弃，被伤害决裂，但她们的心里，依旧不会怨恨丛生，只希望在自己离开之后，所爱之人，还可以一往无前地行走，无伤无痛地活着。但深爱的情郎，也未必是薄幸到底，赐死杨贵妃的皇帝，余生都在寂静深宫里，思念追忆着逝去的芳魂，并且作曲纪念。到底是相爱过的，就算隔着再多的爱恨，也不会彻底失去爱的痕迹。

而容若写着"何如薄幸锦衣郎，比翼连枝当日愿"时，或许也想到了自己。想到了离他而去芳踪难觅的那位女子——知你无怨无憎，知你念我思我。殊不知，我也是在每个清秋时节，都想起你的容颜。纵使你我已经分离，这段情意，我却是抵死不能忘记的！

第四节 谁家玉笛韵偏幽

独背残阳上小楼，谁家玉笛韵偏幽。一行白雁遥天暮，几点黄花满地秋。

惊节序，叹沉浮，秾华如梦水东流。人间所事堪惆怅，莫向横塘问旧游。

——纳兰容若 《鹧鸪天》

横塘，是江南最常见的景致。在积年的古村落，穿过曲折反转的青砖碎石小巷，一路青苔白墙，寻常人家的烟火熏燎万世沧桑，忽然间别有洞天，一口方塘折射幽深的翠色，像是山外青山城外柳的好颜色流淌到水中，晕开一池碎微。贺铸也有横塘语，在《青玉案·横塘路》里：

凌波不过横塘路。但目送、芳尘去。锦瑟华所谁与度。月桥花院，琐窗朱户。只有春知处。

飞云冉冉蘅皋暮。彩笔新题断肠句。若问闲情都几许。一川烟草，满城风絮。梅子黄时雨。

这阙词中，最富盛名的大约是那句：一川烟草，满城风絮，梅子黄时雨。江南梅雨时节似有还无的晦暗风景，淋漓尽致。亦是因为这句词写得实在好，无形化作有形，抽象落成实像。贺铸得了个“贺梅子”的美名。但最喜欢的还是那句“凌波不过横塘路”，有种初遇时节的浅淡情愫，在情深未深之际，在相思与否之间，佳人得或不得，什么都还是欲语还休。这种时刻，最是美。

金庸笔下的段誉，有一门极惯用的逃命功夫，叫作“凌波微步”。当时看到，觉得金大侠真是用笔如神，四个字便描绘出了这么轻功的飘逸绝尘，又快又美。后来方晓得原来化用了曹植《洛神赋》中的句子：凌波微步，罗袜生尘。于是，凌波二字又常用作美人身上，说这个女子身姿婀娜，容貌清秀，是个貌美且袅娜的姑娘。贺铸在《青玉案》上阕中说，他碰到这样一位姑娘，一见钟情，却不晓得她往何处去，只能目送芳影远去，心中不免郁郁寡欢。

实际上他感慨的是自己的壮志难酬怀才不遇，借着相思之情，来抒发抑郁之感。正如见了心爱的美人，也无可奈何。

容若的惆怅，跟贺铸不一样。

伤离别，怅欢昨。这位伤心了一生的词人，登高怀远时，亦是惆怅难以纾解。残阳余晖时分，容若走上了雕栏小楼。这个时节，余光是冷漠的，淡淡地注视着世间的悲欢离合。他惘然地遥望着天地一线的尽头，遥遥地听闻谁家玉笛暗飞声，散入耳际，和复杂的心绪交织在一起，沉沦出一曲幽咽哀怨。茫茫的天空之端，掠过一行孤寂的白雁，如同斑驳在暗色锦缎间的点点泪痕，余光落在很近的地方，只见满目萧索秋色，落花残瓣，秋风瑟瑟，无端地，便生出万丈空恨。

一阕词，宛如一个绘景的长镜头。有远景，有近景，三分放肆，七分克制。镜头转入下阕，亦是忆旧抒怀。感慨万千的词人扶着栏杆，任由激荡的远风忽忽翻转沉水香的衣袖，却不由生出了从前“我是人间惆怅客，知君何事泪纵横”的伤心。三十一年如梦过，还有什么，经得住世事流年，留得住它似水东流？繁华空如一阵风，沉沉浮浮不过一袭皮囊，人世间惆怅的事情那么多，唯有昨日横塘旧游，才是真正欢乐过的时刻啊！

在人生的末路，他想要再品尝那久违的快乐，就当是他最后的愿望。于是，那年五月二十三日，春去，夏初，趁着天光还来不及炙热，他请来了好友们再次欢聚。朋友还是旧日的朋友：顾贞观、朱彝尊、梁佩兰等人。其实还应有沈宛，她同他的朋友们始终关系友好，也算得上是能够推心置腹的朋友。然而她早已离去，杳然消失于江南。若她也在，想必这场聚会，会更尽欢。

聚会的地址在对他来说意义重大的地方——渌水亭。昔年写《渌水亭杂识》的少年，如今已经是透出垂暮之容的男子，时光憔悴了人，唯独优待风景，流水长亭，碧柳飞花，端得是往昔的静婉从容。容若心中有淡淡的感伤，但是朋友都欢聚一堂，他很高兴。

许久没有这样的聚会了。如当年曲水流觞，兰亭唱晚。文人风雅渗入陈年佳酿，更添几寸意趣。早年间，容若是时常参加这样的聚会的，三四朋友把酒言欢，肆意纵情。这些年，由于身体和家庭的缘故，聚会少了，但朋友间的情谊总归是长存不变的。席间，他委托梁佩兰帮忙整理他的诗稿，是他凝注最多心血的《花间词》，他自己虽然也略有整理，却还只是初具雏形。梁佩兰当即允之，容若不多言谢意，淡淡一笑，举起酒杯，一饮而尽。

梁佩兰，字芝五，号药亭，亦是非常有才的诗人，善书工画，作为一位知名的广东鸿儒，当时文坛上举足轻重的王士祯、朱彝尊等人都对他十分推崇。梁佩兰和纳兰容若早有交往，甚至引为知交。在收到容若的信后，他旋即赶来了京城，与友人相聚。

或许是容若早有预知，自己将不久于人世。所以他要趁着最后相聚的时光，将唯一牵挂不下的残稿交给最信任的朋友。古人说，一诺重于千斤。他们往往可以为一句承诺，付出一生的光阴。容若以为，他的朋友，必定不会相负。的确，梁佩兰是值得托付的朋友，在容若逝去后，他将他的词整理成了一本《花间词》，那是容若一生中最美最动情的词作，亦是那个时代最华丽最璀璨的瑰宝。

为他整理残稿的是梁佩兰，为他撰写祭文的是顾贞观。得知容若死讯，顾贞观悲恸不已，为朋友的早夭扼腕伤心。他耗费了七个日夜，终于写出了一篇感人泪下的祭文。

顾贞观没料到，原来那次小聚，便是他们之间的永诀。至此，天地之间又少了一位风姿绝艳的词人，他们再度失去了一位潇洒恣意的至交好友。人间还能再寻到这样的知己吗？这样的朋友，或许终其一生，也绝无仅有。他闭上双眼，任由滚滚的热泪，染湿了月白长衫。

至此，顾贞观心灰意冷，京城之地，再也没有什么值得他留恋的了。次年，顾贞观告老还乡，归隐于田，余生致力于整理纳兰容若残作，谢绝访客，闭门再不出。思念故友的时候，他就翻开他的残稿，低声诵着旧友曾致他的词：

洒尽无端泪，莫因他、琼楼寂寞，误来人世。信道痴儿多厚福，谁遣偏生明慧。莫更著、浮名相累。仕宦何妨如断梗，只那将、声影供群吠。天欲问，且休矣。情深我自判憔悴。转丁宁、香怜易爇，玉怜轻碎。羡杀软红尘里客，一味醉生梦死。歌与哭、任猜何意。绝塞生还吴季子，算眼前、此外皆闲事。知我者，梁汾耳。

——纳兰容若　《金缕曲·简梁汾》

落日余光里，暮年的老者坐在微微摇曳的藤椅上，他的声音沙哑而沉重，背影萧索而苍凉，余晖间，淡淡金芒飞舞，紫竹萧萧，旧窗斜长，铭记一段悠长友谊。还曾记，这首《金缕曲》，是容若送给他的画上的题诗。那时，容若才十九岁，少年人的笑意在热烈的阳光下，也显得风轻云淡。

他微笑着，从怀中拿出卷轴，轻轻地递给他。顾贞观慢慢地展开手中的画卷，画的是自己，长袖佩剑，意气风发，唯独冠帽微微倾斜。一目了然，朋友之间无须多言，知音更是如此。

侧帽，有一个典故。北周时期，有一位生得风流美貌的男子叫独孤信，他的衣食住行，尤其是衣着配饰，都是时人经常模仿的对象，堪称是那时潮流的指向标。某日，独孤信出城打猎，归来天色已晚，城中的宵禁时间快要到了，他要赶在宵禁之前回到城中，于是便策马奔跑，由于马速极快，头上的帽子被风吹歪，不及扶正。幸好他是一个美男子，不明就里的人看了这个样子，反倒是大感惊艳，以为这是一种新风尚，当真潇洒至极。次日，满街都是侧帽而行的男人，一时之间，风靡全城。这个典故后来被引用风流自赏的意思。

风流自赏。

他们的风流、才华、理想、抱负，或许只能自赏了。不管是纳兰容若，还是顾贞观，他们都不是仕途坦荡能居于一人之下万人之上的人。我们可以说仕途并不是人生唯一的道路，然而对于当时的文人，仕途之外未尝有第二条人生之路。万般皆下品，唯有读书高。只有取得功名，为家为国建功立业，才是他们最终的梦想。然而，纳兰容若至死也是一位一等侍卫，顾贞观致仕前也只是秘书院典籍这样的小官。或许是太过清正洁净的文人，都不能青云直上，文人的傲骨、正直的天性令他们无法圆滑地游走在黑白之间，而容若和顾贞观，都是如此性情之人，他们做不出有违气骨和原则的事情，这便注定他们不能成为仕途上的胜利者。

仕途失意，造就了这样一群风华绝代的才子，他们彼此唱和，自许，相知，伯牙摔琴，管宁割席，纳兰容若同顾贞观他们也有渌水亭。

然而，渌水亭一聚，却宛如这几位朋友之间最后的繁华绝唱。音尘绝，这段感人肺腑的故事，也仿佛就落下了帷幕。可多年后，还有人深深记得纳兰容若，记得他是一个才情纵横的翩翩贵公子，记得他是一个多情而又不幸的词人，记得他的恨，他的爱，他字字泣血的魂魄。

世间的人和事，如同匆匆来去的流水，没有个停歇的时刻。或许弥留的那一刻，容若睁开双眼，看见的是此生至爱的女子，白衣洁净，眉目如旧，婉约而温柔地朝他伸出微凉的手。过去甜蜜或悲伤的一切，都如同瞬间开合的昙花，迅速地在他眼前明灭舒卷。一生，原来可以简缩至此。他合眼，感到了前所未有的满足。一生的伤心和深重的倦意，仿佛都在看到那个微笑时被洗涤干净。一滴泪，从清瘦的脸颊滑落至枕畔；一个笑，却从苍白的唇间泛起至黄泉。

后记

若人生可以分成若干个部分，那么纳兰容若短暂的三十一年，可以分成三个十年。

十年是一个玄妙诗意的时间，足以改变一个人的样貌，当然也可以改变一个人的心性——从洁白到斑驳，从柔软到坚硬。陈奕迅的《十年》中曾唱过：十年之前，我不认识你，你不属于我，我们还是一样，陪在一个陌生人左右，走过渐渐熟悉的街头。十年之后我们是朋友，还可以问候，只是那种温柔，再也找不到拥抱的理由，情人最后，难免沦为朋友。

就连情人都在十年间沦落为朋友。十年光阴回忆起来不过一寸日光，掂在手上，却如同沉重的山石。纵观容若的一生，前十年，中间十年，

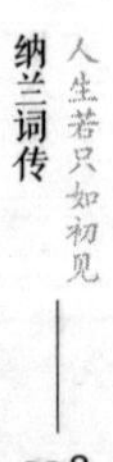

最后十年，加上最终的寥落一年，便构筑了这位词人惊才绝艳的一生。

第一个十年。他尚且不是纳兰容若。他是纳兰性德，是王府灵秀聪敏的小公子，冰雪聪明，一颗心，如水晶做成一般剔透洁净。极致的荣华富贵，宛如曹雪芹笔下的大观楼、怡红院、潇湘馆、蘅芜苑……烟花彩云，他像宝玉一样被捧在掌心含在唇齿间成长起来，却并未成为像宝玉一样风流而叛逆的公子。他如所有的期许，清秀、纯粹、敏锐、好学而愿意努力。

第二个十年。他渐渐有了纳兰容若的模样。如同一株绝世的花，含苞待放的时间或许要长久一点，一旦绽放，就是夺目的惊艳。他正在世间慢慢绽放，无限芬芳逐渐溢出，人们后知后觉地发现，原来明珠府中的小公子，是一位那样有才华的清隽少年，宛如踏月流风，袖清襟明。那大约是纳兰一生里，最为清静安好的年月，每一个角落都熨帖暖心，家人、朋友、青梅竹马的恋人……还有一个神奇的墨色世界，轻轻地唤醒了沉睡在他身体深处的诗意灵魂。

最后一个十年。他才是我们所熟悉并深知的纳兰容若。

在这个时光匆匆的年代，速度成了一个极其巨大的指标，高铁上的呼啸，碧空中的划痕，人心的转眼流离，我却觉得什么都可以快，唯有读书是需要慢的事情。这是一场心与心的相谈甚欢，亦是滚滚红尘里一杯香气四溢的清茶，一份温柔清淡的抚慰。而读纳兰词，需要更慢的速度与耐心。

泡一杯清茶吧，然后放一首老歌，在白色的百叶窗下打开一卷泛起微微书墨气的纳兰词，阳光正好，清香也好，心境也好。我想，这应该会是一次极致的心灵之旅，宛如自由地放纵在西藏高阔辽远的苍穹下，像雄鹰一样飞翔，像河流一样奔淌，也像青草一样生长。

穿过这些珠玑透骨的字里行间，仿佛就能够在心里勾勒他的模样，一寸寸，一丝丝。先是一双淡而长的眉，总是微微蹙起，额间便有两道浅痕，一道是他的词，一道是他的情。然后是一双清而润的眼，眼尾微挑，像桃花一样长情，却不像桃花一样多情。而后是鼻、唇、下颔……翩翩公子，温润如玉。也能看到他的心，隔着薄薄的纸张，隔着厚重的流年，还隔着生与死，这颗心，依旧跳动着一腔深情，依旧鲜活着满城文墨。

在纳兰所遗留的词作里，最摄人心魄的是悼亡词。有人评价纳兰词，多是小令，感情柔婉细腻，间或有雄浑之作。这评价倒也中肯，纳兰词豪放潇洒的也有，也极好，但写得少。最多的，是深情绵长的词。可也正是这些寥寥数语的词，烙印在心里，便念念不忘，挥之不去了。宛如有一颗种子，落在心间，不过数日就能生根、发芽、开花，深深地扎根生存。

一首词，便是一段容若的时光，一瞬容若的心城；一卷词，便是他凝缩的匆匆一生，也是他一生的痴。周颐在《蕙风词话》中讲到过

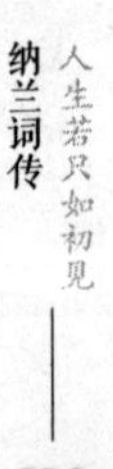

纳兰，说他是“国初第一词手”，这评价不可谓不高，容若却也当之无愧。容若的词字工而言整，用词或清雅或明艳，或冷淡或深刻，总能开合出一片极逼真的意境。他是天上的巧手匠人，随意开凿落斧，就有一方世外桃源的豁然洞天。

之外用典也是一绝。

容若国学深厚，在词中用上典故近乎信手拈来，天衣无缝。他有一首《山花子》，其间有一句“生怜玉骨委尘沙”，看似寻常淡然，不过是可怜红颜枯骨，流光白发，近似白描浅画，但承接上一句“林下荒苔道韫家”，林下有谁？是披发赤足的竹林七贤，道韫便是谢道韫，魏晋时期风华卓绝的名门闺秀兼才女，下句的“生怜玉骨委尘沙”明指谢道韫的死，一代才女的逝去，暗中指的是他年轻便亡故的发妻，分明无比思念，却在不动声色，暗自疼痛。

最后十年的容若，便生活在命运的波涛里，沉沦翻覆，得到失去，奈何不过苍天，他只能被迫地顺承和接受，积聚心中的无尽的悲伤。一旦到了临界点，生命也就走到了崩盘的那一刻。不记得张恨水哪本小说中有一个人物说过这样的话，惋惜他早夭的朋友，大约是这样说的：……看到他写的东西，就知道他是个像纳兰一般活不长的……文如其人，或许也在冥冥之中预示着他的生命——越是哀凉惨淡，越是美丽忧伤，生命之花也越是迅速地委顿在风雨中。

对于那个时代，对于他的朋友和家人，纳兰容若是死去了。但对于我们以及后世，他依旧活着。他的灵魂，就漂泊在种种版本或文字的书香里，就辗转在一颗心和另一颗心的拥抱里，也就流浪在瑰丽浪漫的关于爱情的传说里。

可否翻开一阕纳兰词，趁着时光尚好，岁月未晚，一同去品味他的酸、甜、悲、喜，逆流过历史的踪迹，和他的灵魂，不期而遇。